***ACCESO GRATIS** a la Lectura en la Nube*

Para visualizar el libro electrónico en la nube de lectura envíe junto a su nombre y apellidos una fotografía del código de barras situado en la contraportada del libro y otra del ticket de compra a la dirección:

ebooktirant@tirant.com

En un máximo de 72 horas laborales le enviaremos el código de acceso con sus instrucciones.

LA PROGRESIVIDAD DE LOS DERECHOS HUMANOS Y SU EFECTO EN LAS DECISIONES DE AUTORIDAD

COMITÉ CIENTÍFICO DE LA EDITORIAL TIRANT LO BLANCH

Procedimiento de selección de originales, ver página web:
www.tirant.net/index.php/editorial/procedimiento-de-seleccion-de-originales

LA PROGRESIVIDAD DE LOS DERECHOS HUMANOS Y SU EFECTO EN LAS DECISIONES DE AUTORIDAD

Gabriela Aguado Romero
Gerardo Alan Díaz Nieto
Coordinadores

tirant lo blanch
Ciudad de México, 2025

En caso de erratas y actualizaciones, la Editorial Tirant lo Blanch publicará la pertinente corrección en la página web www.tirant.com/mex/

Este libro será publicado y distribuido internacionalmente en todos los países donde la Editorial Tirant lo Blanch esté presente.

"Esta obra fue dictaminada rigurosamente y por arbitraje a doble ciego con pares académicos, siendo además aprobada para su publicación por el Comité Científico de la Editorial Tirant lo Blanch"

© EDITA: TIRANT LO BLANCH
DISTRIBUYE: TIRANT LO BLANCH MÉXICO
Av. Tamaulipas 150, Oficina 502
Hipódromo, Cuauhtémoc, 06100 Ciudad de México
Telf: +52 1 55 65502317
infomex@tirant.com
www.tirant.com/mex/
www.tirant.es
ISBN: 978-84-1071-613-1

Si tiene alguna queja o sugerencia, envíenos un mail a: *atencioncliente@tirant.com*. En caso de no ser atendida su sugerencia, por favor, lea en *www.tirant.net/index.php/empresa/politicas-de-empresa* nuestro procedimiento de quejas.

Responsabilidad Social Corporativa: *http://www.tirant.net/Docs/RSCTirant.pdf*

Índice

Prólogo 9
Dr. Enrique Cruz Martínez

Estudio introductorio 13

Análisis del principio de progresividad en materia de derechos humanos y su efecto en las decisiones de autoridad en México 17
Gabriela Aguado Romero
Raúl Ruiz Canizales

La progresividad en el ejercicio del derecho humano a la identidad por el registro civil 45
Gerardo Alan Díaz Nieto
Alina del Carmen Nettel Barrera

La presunción de inocencia en el derecho disciplinario sancionador. Un análisis a la luz del principio de progresividad y su construcción jurisprudencial 69
Alejandro Díaz Reyes
Nohemí Bello Gallardo

La progresividad en el derecho al agua. Más allá de lo programático 93
José Fernando Vázquez Avedillo
Gabriela Aguado Romero

El principio de progresividad y su aplicación en el ámbito aduanero ... 119
Nohemí Bello Gallardo
José Fernando Vázquez Avedillo

Acción forense humanitaria. Aspectos éticos e interdisciplinarios en el tratamiento digno para las víctimas encontradas en fosas clandestinas 147

Raúl Ruiz Canizales

Alejandro Díaz Reyes

Autonomía para adultos mayores en la ciudad desde el principio de progresividad en la actuación administrativa 181

Alina del Carmen Nettel Barrera

Gerardo Alan Díaz Nieto

Interés legítimo en conflicto competencial sobre el manejo de residuos electrónicos 197

Izarelly Rosillo Pantoja

Prólogo

DR. ENRIQUE CRUZ MARTÍNEZ

Después de la reforma constitucional del 10 de junio de 2011, hablar de la protección de derechos humanos se convirtió en parte del léxico jurídico cotidiano en una nueva época en que todas las autoridades quedaron obligadas a velar por su aseguramiento. De igual manera se pudo observar la forma en que quedaron plasmados a nivel constitucional en el artículo 1° párrafo III, una serie de principios a través de los cuales debe coordinarse el esfuerzo institucional en todos los ámbitos para lograr el cometido de promoción, respeto y garantía de los derechos humanos. Estos principios motivaron una nueva forma de gestión gubernamental a través de la cual, también los tomadores de decisiones tienen que replantear el funcionamiento de sus instituciones. Frente a una sociedad que reclama de forma permanente un mejor desempeño de las autoridades, son las carencias y la falta de eficiencia gubernamental algo que ha impulsado cada vez más la demanda de una protección de los derechos humanos.

Es notorio que las necesidades sociales se han diversificado, desde aquellas que pueden pretender el reconocimiento de derechos, a otras que pretenden que el contenido del sistema jurídico mexicano realmente se aplique. En los últimos años el entorno propiciado por un gran deterioro del medio ambiente, por la situación de la inseguridad, entre otras, ha traído nuevas carencias que motivan que la población requiera mayor efectividad e inclusividad en las soluciones que a todos nos afectan.

Precisamente la protección de los derechos humanos no es del conocimiento exclusivo de una sola autoridad, sino que todas en todos los niveles de gobierno intervienen en el ámbito de sus funciones. La gran interrogante es si ¿esto es posible llevarse a la práctica?

En el año 2016 la CNDH publicó un documento que denominó "Los principios de Universalidad, Interdependencia, Indivisibilidad y Progresividad de los Derechos Humanos". En este, se presenta de forma general el contenido de esos principios constitucionales y respecto al sentido atribuido al principio de progresividad, se puede observar cómo convergen acciones que tienen por objetivo asegurar de forma permanente la protección de los derechos humanos.

A la luz de este principio, se impide que las acciones de las autoridades retrocedan, es decir, que su funcionamiento debe estar encaminado para lograr resultados de forma continua y que no haya obstáculos para que se pueda asegurar el cumplimiento de los derechos humanos. Por ello es que cada vez es más notorio que la transversalidad de la acción pública ponga en evidencia quién hace qué y con qué oportunidad se actúa.

Es por estas razones que la obra que se desarrolla bajo el título "*La progresividad de los derechos humanos y su efecto en las decisiones de autoridad*" incide oportunamente con grandes retos y necesidades sociales, toda vez que plantea qué sucede con la actuación de las autoridades en temas que no es común observar en la literatura especializada.

Esta obra es una aportación académica de gran relevancia, ya que permite identificar, analizar y desentrañar el alcance de la progresividad como elemento de incidencia en la toma de decisiones de las autoridades. La importancia del contenido se demuestra al momento de analizar temas como el de la presunción de inocencia en el derecho disciplinario, que en el universo del derecho administrativo puede llevar a interpretar el fenómeno bajo la perspectiva de las limitantes que pueden tener las autoridades y no afectar algún derecho humano. Este tema definitivamente es fundamental en una época en donde hablar de responsabilidades de los servidores públicos, es cada vez más recurrente.

Por otra parte, si bien es de notarse que los derechos económicos tienen un alcance muy amplio, y es en donde el principio de progresividad parecería ser más visible, es posible encontrar en esta obra, tres temas que reflexionan sobre ello. Por un lado, tenemos la perspectiva que se propone con la relación entre este principio y el ámbito aduanero, toda vez que por el tipo autoridades que intervienen y los procedimientos utilizados, es posible valorar si existe una conexión con la progresividad. El segundo tema tiene que ver con el derecho al agua, cuya trascendencia es indiscutible en momentos en que la sequía a nivel nacional comienza a provocar daños que a corto, mediano y largo plazo van a impedir el aseguramiento de diversos derechos humanos, ya que la propia vida se encuentra en riesgo y los sistemas de producción también afectan su continuidad.

Un tercer tema que resulta fundamental en nuestros días es el del tratamiento de residuos electrónicos. Un aspecto que en la vida cotidiana puede parecer simple como el deshacerse de un televisor, en realidad tiene consecuencias muy grandes en cuestión de medio ambiente. Es por ello por lo que se debe analizar el tipo de autoridades encargadas de vigilar a quienes realizan el manejo de los residuos, para asegurar un medio ambiente sano. Es indispensable valorar el alcance real del sistema constitucional y el internacional para determinar si quienes intervienen en los procesos gestión de residuos, realmente no causan un menoscabo ambiental provocado por la inactividad gubernamental.

Finalmente, en un entorno de violencia que ha caracterizado este primer cuarto del siglo XXI, resulta de suma trascendencia analizar la acción del Estado frente al problema de las fosas clandestinas. Este es un tema que como se ha perfectamente enfocado, tiene que ver con cuestiones de carácter ético. El aspecto que debe destacarse es que el número creciente de fosas encontradas a nivel nacional lleva a plantear si las autoridades se han preocupado por dar un trato digno tanto a los familiares, como a los restos que encuentran. De igual forma, el tema del derecho humano a la identidad, atiende a la dignidad que tiene toda persona de ser reconocido como un ser único y de la obligación de las autoridades registrales de emitir de manera fehaciente, las constancias que acreditan la identidad de una persona y garantizan la existencia jurídica. Y en relación a los grupos vulnerables, un estudio aborda el tema de los adultos mayores y la protección que el Estado, a través de la política pública, debe considerar para eficientar el servicio público y garantizar la movilidad de este sector de la población, bajo los criterios del principio de progresividad en el marco de los derechos humanos.

Por estas razones es que la obra "*La progresividad de los derechos humanos y su efecto en las decisiones de autoridad*" plantea nuevos paradigmas de estudio en un contexto complejo como el que se vive en nuestros días.

Facultad de Derecho, Ciudad Universitaria,
Estado de México a 10 de junio de 2024.

Estudio introductorio

La presente obra, tiene como finalidad abordar distintas temáticas relacionadas con la actuación de las autoridades, frente a los alcances jurídicos e interpretativos del Principio de Progresividad en materia de Derechos Humanos.

Lo anterior, desde una perspectiva del marco jurídico internacional y nacional, innovador en el sentido de que el texto maneja variables que usualmente no han sido relacionadas en estudios anteriores, como lo son las implicaciones que tiene el Principio de Progresividad con relación a la decisiones de la autoridad del Estado, esto se justifica, toda vez que la evolución del derecho, nos invita a reflexionar sobre la necesidad de una mayor eficacia en la tutela de los derechos humanos en su sentido progresivo.

En el primer capítulo, "Alcance del principio de progresividad en materia de derechos humanos y su observancia como límite para la toma de decisiones de las autoridades en México", Aguado Romero y Ruiz Canizalez, introducen al autor a la explicación del Principio de Progresividad en materia de derechos humanos, realizando un estudio comprensivo sobre la naturaleza, concepto y parámetros de aplicación del mismo, para determinar sus alcances en el ámbito jurídico, así como su interpretación y su relación con la toma de decisiones de las autoridades en México. Por su parte, Díaz Nieto y Nettel Barrera, abordan en el segundo capítulo "La progresividad en el ejercicio del derecho humano a la identidad por el Registro Civil", en el cual, se realiza un análisis de la protección del derecho a la identidad en México, por medio de la autoridad administrativa Registro Civil, se revisará los criterios jurisprudenciales relacionados con el principio de progresividad y su aplicación en la actividad administrativa.

En el capítulo tercero, "La presunción de inocencia en el derecho disciplinario sancionador. Un análisis a la luz del principio de progresividad y su construcción jurisprudencial", Díaz Reyes y Bello Gallardo, analizan el principio de presunción de inocencia al interior de las estructuras procedimentales, que se ejercen en el desarrollo del sistema de responsabilidades administrativas, regulado por el derecho administrativo sancionador en el ámbito disciplinario, con el objetivo de evidenciar la trascendencia del principio de progresividad que limita los abusos de la autoridad en el ejercicio de la potestad punitiva del Estado. Vázquez Avedillo y Aguado Romero, en el capítulo cuarto "La progresividad en el derecho al agua. Más allá de lo programático", realizan un análisis del derecho al agua, que por su propia naturaleza se torna con muchas dificultades para hacer frente a su pleno cumplimiento, es necesario que existan condiciones fácticas que implican inversiones económicas de gran calado, por lo que esta investigación busca dejar en claro que la autoridad debe asumir el rol que marca su propia existencia y buscar los mecanismos para promover, respetar, proteger y sobre todo, garantizar el derecho al agua.

Bello Gallardo y Vázquez Avedillo, en el capítulo quinto "El principio de progresividad y su aplicación en el ámbito aduanero", hacen una reflexión sobre la importancia del principio de progresividad dentro del derecho aduanero y cómo éste se encuentra relacionado con los Derechos Económicos, Sociales, Culturales y Ambientales. Para lo cual se analizan algunos ejemplos en procedimientos aduaneros a fin de evidenciar o no la presencia de la sujeción de distintas autoridades aduaneras al acatamiento y respeto del principio en cuestión, por otro lado, Ruiz Canizalez y Díaz Reyes, en el capítulo sexto "Acción forense humanitaria. Aspectos éticos e interdisciplinarios en el tratamiento digno para las víctimas encontradas en fosas clandestinas", analizan el tema del fenómeno de las fosas clandestinas en México y la falta de coordinación e integración interdisciplinar de las autoridades que ha derivado en una confusión en cuanto al procesamiento de la información, que violenta la dignidad humana de las víctimas y sus familias que, desde la ética, a todas luces dista de ser digna.

En el capítulo siete, "Autonomía para adultos mayores en la ciudad desde el principio de progresividad en la actuación administrativa", Nettel Barrera y Díaz Nieto, trabajan la temática de la obligación que tiene el Estado de garantizar la movilidad de los adultos mayores y relacionan este tema con la actividad de fomento, frente a la actividad de servicios públicos relacionado con el principio de progresividad. Rosillo Pantoja en el capítulo octavo, "Interés legítimo en conflicto competencial sobre el manejo de residuos electrónicos" estudia el tema del interés legítimo y la defensa ambiental, en una sentencia de amparo, donde se observa que los conceptos de violación centrados en el establecimiento y operación de centros de acopio y manejo de televisores analógicos, producto de la transición a la televisión digital, violenta la aplicación de principios de los derechos humanos.

Participan en este texto, reconocidos académicos de la Universidad Autónoma de Querétaro y miembros del Sistema Nacional de Investigadores CONAHCYT, integrantes del Cuerpo Académico Consolidado "Derechos Humanos y Globalización", así como del Cuerpo Académico Consolidado "Identidades, Medio Ambiente y Justicia en Contextos Democráticos, ambos adscritos a la máxima casa de estudios del Estado de Querétaro.

Esta obra presenta temas de actualidad e interés general, por lo que es de utilidad para estudiantes de derecho, académicos, autoridades y público en general, tomando en consideración, que su contenido trata temas sensibles en la interpretación y tutela de los derechos humanos, con relación a la aplicación del principio de progresividad.

Este esfuerzo muestra la función que tiene la Universidad Autónoma de Querétaro de entregar a la sociedad productos académicos e investigación de impacto social, que inviten a la reflexión sobre las problemáticas actuales.

Los coordinadores

Análisis del principio de progresividad en materia de derechos humanos y su efecto en las decisiones de autoridad en México

GABRIELA AGUADO ROMERO[1]

RAÚL RUIZ CANIZALES[2]

SUMARIO: I. INTRODUCCIÓN. II. PRINCIPIO DE PROGRESIVIDAD. III. PARÁMETROS DE APLICACIÓN DEL PRINCIPIO DE PROGRESIVIDAD. INTERPRETACIÓN JURISPRUDENCIAL. IV. ALCANCE DEL PRINCIPIO DE PROGRESIVIDAD. V. PLENA REALIZACIÓN DE CADA UNO DE LOS DERECHOS HUMANOS DISPUESTOS EN LA CONSTITUCIÓN MEXICANA. VI. OBSERVANCIA DEL PRINCIPIO DE PROGRESIVIDAD EN LA TOMA DE DECISIONES DE LAS AUTORIDADES EN MÉXICO DE ACUERDO AL ÁMBITO DE SU COMPETENCIA. VII. CONCLUSIONES. VIII. FUENTES CONSULTADAS.

---

1 Doctora en derecho por la Facultad de Derecho de la Universidad Autónoma de Querétaro. Miembro del Sistema Nacional de investigadores del CONAHCYT, SNI Nivel I, Profesora- investigadora de Tiempo Completo, Perfil deseable PRODEP, Integrante del Cuerpo Académico Consolidado "Derechos Humanos y Globalización" de la UAQ.

2 Doctor en derecho y docente investigador adscrito a la Facultad de Derecho de la Universidad Autónoma de Querétaro. Correo electrónico: raul.canizales@hotmail.com

RESUMEN: En México, son escasos los esfuerzos encaminados al análisis, revisión y esclarecimiento de las implicaciones que tienen para las autoridades mexicanas el conocimiento, la interpretación y la aplicación del principio de progresividad en materia de derechos humanos. Por lo que de manera precisa y prioritaria lo que se persigue en la presente investigación es realizar un estudio comprensivo sobre la naturaleza, concepto y parámetros de aplicación del principio, para determinar los alcances de este principio tanto en el ámbito jurídico, es decir como se encuentra contenido en la Constitución y en el tratado internacional; como para determinar sus alcances en el ámbito de la actividad jurídica a la que se aplica, es decir su interpretación. Todo esto con la finalidad identificar si el principio en mención, representa un límite para la toma de decisiones de las autoridades en México, de acuerdo a su ámbito competencial.

PALABRAS CLAVE: Principio de progresividad, derechos humanos, autoridad, decisiones, límites.

I. INTRODUCCIÓN

Los derechos humanos llegan a ser desde el ámbito internacional como nacional, un constructo social. En su proceso de creación han sido determinantes diferentes factores: la participación de los ciudadanos reclamando derechos, el contraste de las minorías frente a las mayorías, la constante creación normativa, la dinámica interpretación judicial, los acuerdos internacionales que devienen en aplicación de tratados internacionales en materia de derechos humanos; y así entre estas y muchas otras circunstancias se ha consolidado la idea de que para lograr hacer efectivos los derechos humanos en el mundo, debemos de procurar ampliar su protección, así como ampliar su alcance, esto se materializa con el respeto de la dignidad humana de las personas; y en su caso, en un estado de derecho simboliza el respeto y amplia protección a los derechos de los ciudadanos.

La Constitución mexicana en su artículo primero, obliga a la autoridad a la observancia de los derechos humanos conforme al principio de progresividad, esta disposición, es la que da origen a la necesidad de estudios que esclarezcan cómo se debe de entender y atender lo previsto en nuestro ordenamiento constitucional.

Se considera que hay algunos estudios en torno al principio de progresividad de los derechos humanos, sin embargo, adolecen de ser demasiado básicos y no estar actualizados. Al tener el contratiempo de la evolución del derecho, siempre se justificará la necesidad de novedades doctrinarias.

Los trabajos previos sobre el tema de estudio describen únicamente al principio, pero no hacen la conexión para determinar los alcances de este en el ámbito de la actividad jurídica a la que se aplica, y no están dirigidos a la toma de decisiones de las autoridades en México.

La tesis doctoral de López Bonilla, invita a una amplia reflexión sobre la reforma constitucional que se llevo a cabo en materia de derechos humanos el día 10 de junio de 2011, fecha que es considerada por este autor como el momento en que empieza a tener un auge inaudito la doctrina especializada en materia de derechos humanos, además sostiene que se tiene un mayor interés por parte de quienes ejercen la abogacía y también de las autoridades que ejercen la función jurisdiccional. Cabe mencionar que ya existían algunos estudios doctrinarios previos a la reforma, que iban gestando como línea de investigación la protección regional de los derechos humanos.[3]

Aunque su tesis no se enfoca específicamente al estudio del principio de progresividad, es importante como antecedente de nuestra investigación, pues este autor destaca la necesidad que representa para las autoridades mexicanas en el ejercicio de sus funciones, contar con estudios doctrinarios que posibiliten una mejor compresión de los derechos humanos.

---

3 López Bonilla, Irvin U. *La sistematización de la jurisprudencia de la Corte Interamericana de Derechos Humanos: una medida para su efectividad en México,* tesis doctoral, México, BUAP, 2022.

Bolaños Linares, realiza un estudio del principio de la progresividad de los derechos humanos, plantea en su obra que para tutelarlos de manera efectiva se debe avanzar gradualmente hacia su realización, sin regresiones. "Nos expone parte de las vulneraciones a este principio de progresividad, refiriendo sentencias y casos de actualidad, tanto nacionales, como internacionales, así como las excepciones a la norma a manera de regresiones, que tienen como consecuencia la falta de eficacia en la tutela de los Derechos Humanos."[4]

A pesar de que Bolaños Linares ofrece en su obra un estudio muy puntual del principio de progresividad, el análisis difiere del nuestro en el sentido de que el autor pone especial énfasis en el derecho al trabajo, desarrolla ampliamente los conceptos del trabajo como derecho humano, y el derecho a la seguridad social. Por lo que resulta un análisis que, aunque tiende a describir lo que se dispone en el artículo primero constitucional, lo hace desde un enfoque laboral, diferente a la intención que tenemos de analizar el principio de progresividad, los alcances de este principio y su impacto en las decisiones de las autoridades mexicanas.

Fuera de los casos en que se realizan estudios sobre los derechos humanos y principios de los derechos humanos, no se encuentran estudios que realicen la conexión entre las variables que pretendemos atender.

En cuanto a la metodología empleada, el presente estudio consiste en un análisis académico sobre el principio de progresividad de los derechos humanos -contenido, alcance, interpretación y aplicación- ligado este primer estudio a las implicaciones o efecto con las decisiones de las autoridades en México. Por lo tanto, mediante el método analítico deductivo se determinarán las variables que

---

4 Bolaños Linares, Rigel. *Principio de progresividad en materia de derechos humanos*, México, Porrúa, 2020, p.3.

están siendo relevantes en esta problemática,[5] nos será de utilidad el método exegético, pues se tomarán como punto de referencia textos legales positivos, para determinar su alcance,[6] y también el método de la prospectiva, perspectiva y proyección, pues estos métodos nos ayudan a tener una situación de futuro deseada.[7]

Por lo que según la tipología en la que se clasifica este tipo de investigaciones por los medios que se utilizarán para obtener datos, será una investigación documental.[8] Nos valdremos de bibliografía, hemerografía, legisgrafía, jurisprudencia y documentos de Internet, así como otras fuentes de consulta documentales como el archivo o informe, ya que esta investigación estará respaldada con información cualitativa que nos permita demostrar la presencia del problema.[9]

Los pasos a seguir en la presente investigación es realizar un estudio comprensivo sobre la naturaleza, concepto y parámetros de aplicación del principio de progresividad de los derechos humanos, se revisará el marco legal de los derechos humanos, en específico el principio de progresividad desde el ámbito nacional, la Constitución, ya en un ámbito internacional, en los tratados internacionales, después se buscará determinar los alcances de este principio en el ámbito de la actividad jurídica a la que se aplica, es decir su interpretación, para en un siguiente momento

---

5 Nino, Carlos, *Algunos modelos metodológicos de la Ciencia Jurídica,* México, Fontamara, 2012, p. 94.

6 Martínez Montenegro, Isnel, *Sobre los métodos de la investigación jurídica,* Revista chilena de derecho y ciencia política, Chile, Vol. 14, No. 01, Epub 30-Jun-2023. Disponible en: http://www.scielo.cl/scielo.php?script=sci_arttext&pid=S0719-21502023000100101&lng=es&nrm=iso

7 Lachira Sáenz, César Augusto, *Métodos y técnicas de la investigación jurídica,* México, LEEA, 2003, P. 27.

8 Hernández Sampierie, Roberto et. al., *Metodología de la investigación,* 4a edición, D. F. México, Mc Graw Hill, 2006.

9 Schmelkes, Corina, *Manual para la presentación de anteproyectos e informes de investigación,* México, Oxford, 2014, p. 136.

identificar si el principio de progresividad representa un límite para la toma de decisiones de las autoridades en México, de acuerdo a su ámbito competencial, y conocer cuáles deben de ser los parámetros adecuados para el ejercicio de esta facultad en relación con la observancia del principio de progresividad.

Consideramos que merece la pena realizar diferentes esfuerzos en la materia, que ayuden y optimicen la creación de un material confiable en razón de su rigurosidad para quienes requieran de análisis orientadores, así como de una consulta eficaz para para una mejor comprensión, interpretación y aplicación, pues la ausencia de estas experiencias da lugar a que ciertas decisiones de autoridad vulneren derechos humanos.

II. PRINCIPIO DE PROGRESIVIDAD

Para nuestro cometido es importante iniciar con un estudio de la naturaleza y concepto del principio de progresividad de los derechos humanos.

1. Naturaleza y concepto.

Este principio de progresividad es tan fácil de explicar como difícil de analizar con cierta profundidad, sobre todo en cuanto a sus límites. "Algunos ponen en duda su carácter de principio jurídico, diciendo que representa una técnica propia del sistema (y la vinculan con algún principio jurídico que ayudaría a conseguir la igualdad, o la justicia en última instancia), o bien que no tiene relevancia jurídica. Sin embargo, la doctrina (en su mayoría) sostiene su carácter jurídico y operativo".[10]

---

[10] Instituto de investigaciones Jurídicas, *Diccionario Jurídico Mexicano*, IV Tomos, México, Porrúa, 2016, Tomo IV, Pp. 3083 y 3084.

Siguiendo a Mancilla Castro, podemos observar que "por su carácter accesorio, la finalidad de este principio es aquella de los derechos humanos que ayuda a aplicar, es decir, busca la materialización de la dignidad humana, al establecer límites a las actuaciones de los Estados, o en su caso a los poderes constituidos de los mismos".[11]

Si se analiza desde el punto de vista de su origen, este principio surge en el derecho internacional, los primeros antecedentes los encontramos en el Pacto Internacional de Derechos Civiles y Políticos que data de 1966, que en el artículo 40 compromete a los Estados partes a presentar informes respecto al progreso que hayan realizado en cuanto al goce de los derechos reconocidos en el Pacto[12], de ahí su carácter jurídico al estar contenido en un instrumento jurídico internacional; mientras que su carácter operativo se observa más claramente de acuerdo a lo previsto en la Convención Interamericana de Derechos Humanos que data de 1969, el artículo 26 de la Convención dispone:

> *"Los Estados Partes se comprometen a adoptar providencias, tanto a nivel interno como mediante la cooperación internacional, especialmente económica y técnica, para lograr progresivamente la plena efectividad de los derechos que se derivan de las normas económicas, sociales y sobre educación, ciencia y cultura, contenidas en la Carta de la Organización de los Estados Americanos, reformada por el Protocolo de Buenos Aires, en la medida de los recursos disponibles, por vía legislativa u otros medios apropiados".*[13]

Mancilla Castro refiere que: "El principio de progresividad es un principio interpretativo que establece que los derechos

---

11 Mancilla Castro, Roberto Gustavo, *El principio de progresividad en el ordenamiento constitucional mexicano*, Revista Cuestiones Constitucionales, México, Num. 33, julio-diciembre 2015, P. 84. Disponible en: https://revistas.juridicas.unam.mx/index.php/cuestiones-constitucionales/article/view/6098/8039

12 Pacto Internacional de los Derechos Civiles y Políticos, Artículo 40.

13 Convención Interamericana de Derechos Humanos, Artículo 26.

no pueden disminuir, por lo cual, al sólo poder aumentar, progresan gradualmente."[14]

La Comisión Nacional de los Derechos Humanos señala que: "El principio de progresividad de derechos humanos implica el gradual progreso para lograr su pleno cumplimiento, es decir, que para el cumplimiento de ciertos derechos se requiera la toma de medidas a corto, mediano y largo plazo, pero procediendo lo más expedita y eficazmente posible."[15]

Por lo anterior expuesto es por lo que llegamos a considerar su alcance jurídico y operativo, que se analizara con mayor puntualidad en líneas siguientes.

III. PARÁMETROS DE APLICACIÓN DEL PRINCIPIO DE PROGRESIVIDAD. INTERPRETACIÓN JURISPRUDENCIAL.

Se tiene jurisprudencia de la Suprema Corte de Justicia de la Nación para esclarecer lo relativo al principio de progresividad y a su aplicación. Se pretende obtener información desde un diálogo con la jurisprudencia, pues la opinión de los tribunales, puede servir como referente en la labor que se pretende llevar a cabo, pues existe una consecuente circulación de tópicos en materia constitucional y en el ámbito de los derechos humanos.[16]

---

14 Mancilla Castro, Roberto Gustavo, *Op. Cit.*, p. 83.

15 Comisión Nacional de los Derechos Humanos. *Los principios de universalidad, interdependencia, indivisibilidad y progresividad de los derechos humanos*, México, CNDH, 2018, P.11. Disponible en: https://www.cndh.org.mx/sites/all/doc/cartillas/2015-2016/34-Principios-universalidad.pdf

16 Caballero González, Edgar S. *El diálogo jurisprudencial de la Suprema Corte de Justicia de la Nación con los tribunales constitucionales y regionales*, México, Porrúa, 2019, P. 87 y 88.

Al revisar el concepto del principio de progresividad referimos que su origen se vincula con los derechos económicos sociales y culturales, sin embargo, revisaremos a continuación la interpretación jurisprudencial que señala que se aplica a todos los derechos humanos el principio, y no solo a los derechos económicos, sociales y culturales (DESCA), como lo señala la Tesis de Jurisprudencia 1a./J. 86/2017 (10a.) que a la letra dice:

> *"PRINCIPIO DE PROGRESIVIDAD. ES APLICABLE A TODOS LOS DERECHOS HUMANOS Y NO SÓLO A LOS LLAMADOS ECONÓMICOS, SOCIALES Y CULTURALES. El principio de progresividad estuvo originalmente vinculado a los -así llamados- derechos económicos, sociales y culturales, porque se estimaba que éstos imponían a los Estados, sobre todo, obligaciones positivas de actuación que implicaban el suministro de recursos económicos y que su plena realización estaba condicionada por las circunstancias económicas, políticas y jurídicas de cada país. Así, en los primeros instrumentos internacionales que reconocieron estos derechos, se incluyó el principio de progresividad con la finalidad de hacer patente que esos derechos no constituyen meros "objetivos programáticos", sino genuinos derechos humanos que imponen obligaciones de cumplimiento inmediato a los Estados, como la de garantizar niveles mínimos en el disfrute de esos derechos, garantizar su ejercicio sin discriminación, y la obligación de tomar medidas deliberadas, concretas y orientadas a su satisfacción; así como obligaciones de cumplimiento mediato que deben ser acometidas progresivamente en función de las circunstancias específicas de cada país. Ahora bien, esta Primera Sala considera que, a pesar de su génesis histórica, el principio de progresividad en nuestro sistema jurídico es aplicable a todos los derechos humanos y no sólo a los económicos, sociales y culturales. En primer lugar, porque el artículo 1o. constitucional no hace distinción alguna al respecto, pues establece, llanamente, que todas las autoridades del país, en el ámbito de sus competencias, están obligadas a proteger, garantizar, promover y respetar los derechos humanos de conformidad, entre otros, con el principio de progresividad. En segundo lugar, porque esa fue la intención del Constituyente Permanente, como se advierte de distintos momentos del proceso legislativo. Pero además, porque la diferente denominación que tradicionalmente se ha empleado para referirse a los así llamados derechos civiles y políticos y distinguirlos de los económicos,*

sociales y culturales, no implica que exista una diferencia sustancial entre ambos grupos, ni en su máxima relevancia moral, porque todos ellos tutelan bienes básicos derivados de los principios fundamentales de autonomía, igualdad y dignidad; ni en la índole de las obligaciones que imponen, específicamente, al Estado, pues para proteger cualquiera de esos derechos no sólo se requieren abstenciones, sino, en todos los casos, es precisa la provisión de garantías normativas y de garantías institucionales como la existencia de órganos legislativos que dicten normas y de órganos aplicativos e instituciones que aseguren su vigencia, lo que implica, en definitiva, la provisión de recursos económicos por parte del Estado y de la sociedad".[17]

Por lo cual se interpreta que el principio de progresividad no es limitativo para los derechos económicos, sociales y culturales, sino que se expande su aplicación a todos los derechos humanos.

IV. ALCANCE DEL PRINCIPIO DE PROGRESIVIDAD

Para conocer el alcance del principio objeto de nuestro estudio, nos daremos a la tarea de revisar la Tesis Aislada de la Primera Sala de la Suprema Corte de Justicia de la Nación, con número de registro 1a. CCXCI/2016 (10a.), que sin hacer mención de los tratados internacionales, busca interpretar el principio y conceptualizarlo, también esta jurisprudencia refiere las exigencias positivas y negativas que van dirigidas tanto a quienes aplican la norma como a quienes la crean.

"PRINCIPIO DE PROGRESIVIDAD DE LOS DERECHOS HUMANOS. SU CONCEPTO Y EXIGENCIAS POSITIVAS Y NEGATIVAS.

---

17 SUPREMA CORTE DE JUSTICIA DE LA NACIÓN, Tesis de Jurisprudencia: 1a./J. 86/2017 (10a.) del Semanario Judicial de la Federación, México, Décima Época, Tomo I, oct. de 2017. P.191. Disponible en: https://sjf2.scjn.gob.mx/detalle/tesis/2015306

> *El principio de progresividad está previsto en el artículo 1o. constitucional y en diversos tratados internacionales ratificados por México. Dicho principio , en términos generales, ordena ampliar el alcance y la protección de los derechos humanos en la mayor medida posible hasta lograr su plena efectividad, de acuerdo con las circunstancias fácticas y jurídicas del caso concreto. Es posible diseccionar este principio en varias exigencias de carácter tanto positivo como negativo, dirigidas a los creadores de las normas jurídicas y a sus aplicadores, con independencia del carácter formal de las autoridades respectivas, ya sean legislativas, administrativas o judiciales. En sentido positivo, del principio de progresividad derivan para el legislador (sea formal o material) la obligación de ampliar el alcance y la tutela de los derechos humanos; y para el aplicador, el deber de interpretar las normas de manera que se amplíen, en lo posible jurídicamente, esos aspectos de los derechos. En sentido negativo, impone una prohibición de regresividad: el legislador tiene prohibido, en principio, emitir actos legislativos que limiten, restrinjan, eliminen o desconozcan el alcance y la tutela que en determinado momento ya se reconocía a los derechos humanos, y el aplicador tiene prohibido interpretar las normas sobre derechos humanos de manera regresiva, esto es, atribuyéndoles un sentido que implique desconocer la extensión de los derechos humanos y su nivel de tutela admitido previamente. En congruencia con este principio, el alcance y nivel de protección reconocidos a los derechos humanos tanto por la Constitución como por los tratados internacionales, deben ser concebidos como un mínimo que el Estado Mexicano tiene la obligación inmediata de respetar (no regresividad) y, a la vez, el punto de partida para su desarrollo gradual (deber positivo de progresar)".*[18]

Esta interpretación jurisprudencial, también ubica los diferentes actores que ejercen autoridad dentro del Estado mexicano, y clarifica la tutela de los derechos humanos.

---

[18] SUPREMA CORTE DE JUSTICIA DE LA NACIÓN, Tesis Aislada: 1a. CCXCI/2016 (10a.), Gaceta del Semanario Judicial de la Federación, México, Décima Época, Tomo I, oct. de 2017, P. 189. Disponible en: https://bj.scjn.gob.mx/doc/tesis/PPhwMHYBN_4klb4Hahaj/%22Actos%20legislativos%22

Se tiene que atender el principio, en el sentido de que las leyes amplíen la protección, por lo cual, tiene prohibido el aplicador de la norma, en la impartición de justicia, hacer interpretaciones que resulten regresivas para los justiciables. Como consecuencia de las reformas mencionadas, los juzgadores en México pueden aplicar el control de convencionalidad.[19]

La pretensión de nuestro estudio será en el mismo sentido que refiere la anterior tesis, por lo tanto, nos daremos a la tarea de revisar el alcance del principio de progresividad en el ámbito jurídico y el alcance del principio de progresividad en el ámbito de la actividad jurídica a la que se aplica.

1. Alcance del principio de progresividad en el ámbito jurídico

El principio de progresividad tiene diferente alcance dependiendo el ámbito jurídico, es decir, en razón de la norma que lo contiene, ya que el principio puede encontrarse previsto en la Constitución o en un tratado internacional.

Si el principio se prevé dentro de un tratado internacional, se utiliza como un principio de derecho internacional público, y si se tiene previsto en la Constitución, se interpreta como principio constitucional, y se hace valer en conjunto con el principio de supremacía constitucional en los instrumentos de control constitucional.[20]

Se analiza a continuación el principio de progresividad de los derechos humanos en razón de la jurisdicción constitucional y en razón del ámbito convencional, como se encuentra contenido en los tratados internacionales.

---

19 Delgado Carbajal, Baruch F., *Reforma Constitucional en Derechos Humanos. El impacto en la impartición de justicia local,* México, Editorial Flores, 2014, P. 12.

20 Mancilla Castro, Roberto Gustavo, *Op. Cit.*, P. 84.

a) El principio de progresividad en la Constitución mexicana

La Constitución mexicana obliga a la autoridad a la observancia de los derechos humanos conforme al principio de progresividad, nuestro ordenamiento constitucional en su artículo 1°, párrafo tercero dispone:

> *"Todas las autoridades, en el ámbito de sus competencias, tienen la obligación de promover, respetar, proteger y garantizar los derechos humanos de conformidad con los principios de universalidad, interdependencia, indivisibilidad y progresividad. En consecuencia, el Estado deberá prevenir, investigar, sancionar y reparar las violaciones a los derechos humanos, en los términos que establezca la ley".*[21]

Así como esta redactado el precepto constitucional, se puede desentrañar que el principio en estudio es considerado como un eje rector fundamental de los derechos humanos.

Por su parte el artículo 133 constitucional, preve la convencionalidad:

> *"Esta Constitución, las leyes del Congreso de la Unión que emanen de ella y todos los tratados que estén de acuerdo con la misma, celebrados y que se celebren por el Presidente de la República, con aprobación del Senado, serán la Ley Suprema de toda la Unión. Los jueces de cada entidad federativa se arreglarán a dicha Constitución, leyes y tratados, a pesar de las disposiciones en contrario que pueda haber en las Constituciones o leyes de las entidades federativas".*[22]

En razón de lo anterior tenemos que, el control de convencionalidad permite a los Estados garantizar en el ámbito interno los derechos humanos, ya que se verifica la conformidad de las prácticas y normas nacionales, con la Convención Americana de los Derechos Humanos (CADH) y su jurisprudencia. " Esta

---

21 Constitución Política de los Estados Unidos Mexicanos. Artículo 1.

22 *Ibidem.*, Artículo 133.

obligación vincula a todos los poderes y órganos estatales en su conjunto, los cuales se encuentran obligados a ejercer un control de convencionalidad *ex officio* entre las normas internas y la Convención Americana, evidentemente en el marco de sus respectivas competencias y de las regulaciones procesales correspondientes."[23]

Es por ello que como señala Herrera Pérez, "la obligación constitucional de interpretación de las normas relativas a derechos humanos de conformidad con fuentes internacionales encierra un auténtico control de convencionalidad... el análisis de estas normas a la luz de los tratados internacionales en la materia, éste es en esencia el fin último de este control, el cotejo normativo entre el orden jurídico nacional y los de fuente internacional buscando siempre la norma más amplia o la interpretación extensiva en beneficio de la persona".[24] Como lo analizaremos a continuación al revisar el principio de progresividad en el tratado internacional.

El principio de progresividad da lugar a diferentes exigencias de carácter positivo y negativo, que están dirigidas a las autoridades que crean las normas jurídicas.

> *"En sentido positivo, del principio de progresividad derivan para el legislador (sea formal o material) la obligación de ampliar el alcance y la tutela de los derechos humanos. En sentido negativo, impone una prohibición de regresividad: el legislador tiene prohibido, en principio, emitir actos legislativos que limiten, restrinjan,*

---

23 Corte Interamericana de Derechos Humanos, *Interacción entre el Derecho Internacional de los Derechos Humanos y el Derecho Internacional Humanitario*, Cuadernillo de Jurisprudencia de la Corte Interamericana de Derechos Humanos, San José, C.R., núm. 17, 2018, P. 44. Disponible en: https://www.refworld.org/es/jur/caselawcomp/iacrthr/2018/es/128939

24 Herrera Pérez, Alberto, *El control de convencionalidad en materia de derechos humanos y la regularidad constitucional. Comentarios a la jurisprudencia 20/2014 de la Suprema Corte de Justicia de la Nación*, Revista Cuestiones Constitucionales, México, No 35, julio – diciembre 2016. Disponible en: file:///Users/DraGabrielaAguado/Downloads/%23%23common.file.namingPattern%23%23.pdf

> *eliminen o desconozcan el alcance y la tutela que en determinado momento ya se reconocía a los derechos humanos."*[25]

Obligación para la autoridad legislativa que implica avanzar, no retroceder en la tutela de los derechos humanos.

b) El principio de progresividad en el tratado internacional

La obligatoriedad de las autoridades mexicanas de cumplir con el principio de progresividad, no es únicamente observada desde un ámbito local; por el contrario, se tiene una obligación internacional de interpretar y aplicar este principio que se encuentra dispuesto en diversos tratados internacionales de los que México es parte, de manera que de lugar a un avance gradual y mejora continua para la plena realización de los derechos humanos. En caso contrario un retroceso o disminución de derechos esta prohibida, también así lo prevé las disposiciones internacionales.

Se tiene que acudir a cada uno de los tratados internacionales en donde se encuentra contenido este principio, pues se tiene que conocer cuál es su fuente, y si en este caso se desprende de un instrumento internacional, a partir de este se revisa el término jurídico. En este sentido al revisar el contenido de algunos instrumentos internacionales como son: la Declaración Universal de los Derechos Humanos (DUDH),[26] el Pacto Internacional de Derechos Económicos, Sociales y Culturales (PIDESC),[27] la Convención Americana sobre Derechos Humanos (CADH),[28] la Convención

---

25 SUPREMA CORTE DE JUSTICIA DE LA NACIÓN, Tesis Aislada: 1a. CCXCI/2016 (10a.), *Op. Cit.*, P.189.

26 Declaración Universal de los Derechos Humanos. Véase Preámbulo.

27 Pacto Internacional de Derechos Económicos, Sociales y Culturales. Véanse Artículos 2, 16, 21 y 22.

28 Convención Americana sobre Derechos Humanos. Véanse Artículos 26, 41, y 77.

Sobre los Derechos de las Personas con Discapacidad (CDPD),[29] y la Convención Sobre los Derechos del Niño (CDN),[30] podemos observar que de manera general no se establece un concepto como tal del principio de progresividad, pero este se contiene en cada uno de estos instrumentos, como la aplicación de medidas progresivas que van de la mano con el desarrollo un país, para lograr la realización de los derechos económicos sociales y culturales.

Por lo que podemos ver que, conforme a lo anterior descrito, el principio de progresividad como se encuentra dispuesto en los tratados "repercute directamente, no en el derecho mismo, sino en los tratados y en los medios o condiciones que debe establecer un Estado Parte para poder respetar, promover, proteger y garantizar el ejercicio de los también llamados por costumbre derechos humanos".[31]

2. Alcance del principio de progresividad en el ámbito de la actividad jurídica a la que se aplica

En este apartado realizaremos un análisis para determinar si la actividad jurídica a la que se aplica el principio de progresividad, lo afecta.

Cuando hablamos la actividad jurídica a la que se aplica, nos estamos refiriendo a la interpretación.

---

29 Convención Sobre los Derechos de las Personas con Discapacidad. Véanse Artículos 4 y 35.

30 Convención Sobre los Derechos del Niño. Véanse Artículos 24, 28, 43 y 44.

31 Centro de Ética Judicial, *Consideraciones sobre el Principio de progresividad en el tema de los derechos humanos,* México, 2016, p. 12. Disponible en: https://www.centroeticajudicial.org/uploads/8/0/7/5/80750632/consideraciones sobre el principio de progresividad en el tema de los derechos humanos.pdf

Interpretar según la Real Academia de la Lengua Española significa: "Explicar o declarar el sentido de algo, y principalmente el de un texto."[32]

En el caso de México, podemos señalar que la interpretación constitucional es trascendental cuando se da el proceso de adecuar la norma a la realidad. Tiene sus particularidades la interpretación constitucional:

> *"Se le aplica las reglas generales que se utiliza para la interpretación de las otras normas del orden jurídico, pero como la norma constitucional posee especiales características derivadas de su materia, de su carácter de suprema, del órgano que las crea y modifica y de su rigidez, existen aspectos peculiares en la interpretación de la norma constitucional... La finalidad última de la interpretación constitucional debe ser proteger y defender lo más valioso que existe para cualquier hombre: su libertad y su dignidad".*[33]

Por su parte en el ámbito internacional podemos señalar que la Convención Interamericana de Derechos Humanos en su artículo 29, inciso b, que dispone las Normas de Interpretación, señalando que: "Ninguna disposición de la presente Convención puede ser interpretada en el sentido de limitar el goce y ejercicio de cualquier derecho o libertad que pueda estar reconocido de acuerdo con las leyes de cualquiera de los Estados Partes o de acuerdo con otra convención en que sea parte uno de dichos Estados."[34]

Es trascendente conocer los alcances del principio de progresividad, ya que el desconocimiento o poca experiencia que tienen las autoridades mexicanas para interpretar correctamente, en algunas ocasiones puede ocasionar que las decisiones de las autoridades mexicanas en el ejercicio de sus funciones repre-

---

32 Real Academia Española, *Diccionario de la lengua española en línea,* "Interpretar", Actualización 2023, Disponible en: https://dle.rae.es/interpretar

33 Instituto de investigaciones Jurídicas, *Diccionario Jurídico Mexicano, Op. Cit.,* Tomo III, P. 2126.

34 Convención Interamericana de Derechos Humanos. Artículo 29.

senten una regresividad en materia de derechos humanos y no así un progreso, como debiera ser.

En razón de lo anterior, señala Mancilla Castro que:

> *"El principio de progresividad implica que las interpretaciones a las leyes deben hacerse tomando en consecuencia a las realizadas anteriormente, buscando no disminuir las determinaciones hechas sobre el parámetro y la sustancia de los derechos interpretados. Debe reiterarse que la naturaleza misma de la actividad interpretativa cambia de acuerdo a la rama jurídica en que se encuentre, es decir, la interpretación de la Constitución y de los tratados internacionales siguen una dinámica especifica... Al interpretar una norma jurídica, dicha actividad retroalimenta la norma existente y se integra a la misma. El principio de progresividad sirve como complemento de la interpretación jurídica porque establece un estándar de interpretación y al mismo tiempo es un límite competencial del intérprete".*[35]

En este sentido el principio da lugar a que los que aplican la norma jurídica tengan tanto exigencias positivas como negativas, independientemente de que sea autoridad judicial, legislativa, o administrativa.

> *"En sentido positivo, del principio de progresividad derivan para para el aplicador, el deber de interpretar las normas de manera que se amplíen, en lo posible jurídicamente, esos aspectos de los derechos. En sentido negativo, impone una prohibición de regresividad: el aplicador tiene prohibido interpretar las normas sobre derechos humanos de manera regresiva, esto es, atribuyéndoles un sentido que implique desconocer la extensión de los derechos humanos y su nivel de tutela admitido previamente".*[36]

Así como ya veníamos revisando las exigencias para el creador de la norma jurídica conforme al principio de progresividad, también podemos observar que el principio trae exigencias para el aplicador de la norma jurídica.

---

[35] Mancilla Castro, Roberto Gustavo, *Op. Cit.*, P. 85.

[36] SUPREMA CORTE DE JUSTICIA DE LA NACIÓN, Tesis Aislada: 1a. CCXCI/2016 (10a.), *Op. Cit.*, P.189.

V. PLENA REALIZACIÓN DE CADA UNO DE LOS DERECHOS HUMANOS DISPUESTOS EN LA CONSTITUCIÓN MEXICANA

Es importante diferenciar entre lo que se ha considerado como extensividad de los derechos humanos y lo que es el principio de progresividad en el tema de los derechos humanos.

En cuanto a la extensividad, tenemos que la Comisión Interamericana de Derechos Humanos (CIDH) en su Informe anual en el año 1993,[37] cuando se dirige a la Organización de Estados Americanos, establece que los Estados parte deben crear las condiciones para aplicar el principio de progresividad de los derechos humanos, de acuerdo a los recursos materiales con que cuente cada Estado.

En esta misma fecha y ocasión, es cuando se introduce el método de expansión de derechos humanos, cuyo objetivo no es expandir un derecho, sino que expande el contenido de los tratados internacionales.

Para explicar más claramente el método de expansión de derechos humanos, podemos señalar que esto sucede cuando se firma un tratado y después se complementa con un protocolo.

> *"Cuando se expide una declaración internacional en donde se relatan situaciones de hecho que deben corregirse, como por ejemplo la pobreza, el desempleo o el trabajo infantil, el tratado internacional que se firme con posterioridad a la declaración, "expandirá" el número de derechos, o agregará derechos que deriven de un derecho o lo complementen... Sirvan de ejemplo la evolución y expansión de los instrumentos interamericanos de derechos humanos. Los principios formulados en la Declaración Americana de los Derechos y Deberes del Hombre fueron elaborados y ampliados en la Convención Americana sobre Derechos Humanos. Análogamente, el Protocolo de San Salvador*

---

37 Comisión Interamericana de Derechos Humanos, *Informe anual 1993*, Disponible en: https://www.cidh.oas.org/annualrep/93span/cap.V.htm

> *es una extensión de las normas y principios establecidos en los dos textos anteriores y en la Carta."*[38]

En razón de lo anterior se han dado interpretaciones erróneas y se ha llegado a considerar que los derechos humanos que tienen la característica de ser inherentes al ser humano, como lo son: la vida, la igualdad, la propiedad y la libertad; se pueden extender de la siguiente manera:

> *"Si se tiene derecho a la libertad de desarrollo, por ejemplo, ésta implica que se tiene también derecho indiscriminado sobre el cuerpo y la mente y por tanto debe crearse el derecho a creer que se tiene otro sexo (diferente al biológico) o incluso a intentar cambiarlo. O que se puede atentar contra la propia vida y por tanto crear un derecho al suicidio... Sobre si los derechos humanos son extensivos, claramente se puede afirmar que no lo son, pues no se extiende la vida, la igualdad, la libertad, ni la propiedad. Se tiene vida y ya está, se es igual a cualquier otro humano en dignidad, no se es más o menos igual que otro, y el derecho de propiedad no depende de la cantidad de propiedades que se tienen o se puedan llegar a tener, es en sí el derecho a ser propietario de algo...Pero si la extensividad se refiere a que el Estado puede ir otorgando o reconociendo otros derechos que apoyen a la aplicación del derecho humano de que se trate, pues entonces no hay discusión alguna y se está de acuerdo... Un ejemplo de ello es el llamado derecho a la salud, si bien es cierto que el Estado debe respetar la salud de sus pobladores, también debe promoverla y en la medida de sus posibilidades procurarla, pero no puede garantizarla, porque la salud no es intrínseca al ser humano, el Estado no puede garantizar que un ciudadano tenga salud, pero sí, que éste acceda, en igualdad de condiciones, a los servicios de salud que presta. Entonces, estamos frente al derecho humano de igualdad aplicado a los servicios de salud que presta un país."*[39]

En el caso de los derechos contenidos en los tratados internacionales, se les llama derechos humanos a todos y no exclusiva-

---

[38] *Idem.*

[39] Centro de Ética Judicial, *Op.Cit.*, pp.3 y 4.

mente a la vida, igualdad, propiedad y libertad, porque en este sentido aplica la extensividad, que para lograr la realización de un derecho humano se debe ir reconociendo derechos relacionados.

Por su parte el principio de progresividad no afecta al derecho en sí (vida, igualdad, propiedad, libertad), sino a su aplicación progresiva, y para explicar su diferencia con el método de expansión de derechos o extensividad, se revisa el siguiente ejemplo de progresividad:

> *"Si un país sólo le daba servicios de alimentación gratuita a una parte de la población en extrema pobreza y firmó un tratado internacional que le obliga a garantizar los derechos allí contenidos en igualdad de condiciones (alimentación, salud, educación, cultura, etc.), que no son en estricto sentido derechos humanos (la alimentación y la salud se subsumen en el derecho a la vida), deberá hacer uso de todos los recursos que tenga a su disposición para lograr la efectiva realización del derecho de igualdad, y por tanto deberá instaurar por ejemplo, un sistema de alimentación popular al que todas las personas en extrema pobreza o con carencias alimentarias puedan acceder en igualdad de condiciones, centros escolares gratuitos, y eventos culturales populares... Para el caso de que el Estado firmante ya tenga instaurado todo un sistema nacional de alimentación y firme un tratado en donde se compromete a la aplicación progresiva del derecho a la alimentación, deberá revisar si ya incorporó a todos sus pobladores, lo que implicará la apertura de más comedores, la contratación de más personal, la elaboración de cursos o campañas para mejorar la alimentación, etc. Es decir, que hará una aplicación progresiva de recursos humanos y económicos necesarios para que toda su población en igualdad de condiciones acceda a los servicios de alimentación que presta."*[40]

Es precisamente este último ejemplo el que refleja como la autoridad en México, para lograr la plena realización de cada uno los derechos previstos en la Constitución mexicana, debe tomar decisiones que impliquen medidas progresivas para ase-

---

40 *Idem.*, P.5.

gurar el reconocimiento y aplicación de los derechos humanos dispuestos en nuestra Carta Magna.

V. OBSERVANCIA DEL PRINCIPIO DE PROGRESIVIDAD EN LA TOMA DE DECISIONES DE LAS AUTORIDADES EN MÉXICO DE ACUERDO AL ÁMBITO DE SU COMPETENCIA

Este amplio campo de protección que representa el principio de progresividad que hemos venido estudiando, refiere para las autoridades de cualquiera de los poderes, legislativo, ejecutivo o judicial; y sea cual fuere el nivel de gobierno, federal, estatal o municipal, una obligación enfocada a promover, proteger y/o garantizar el respeto a los derechos humanos. Todas estas autoridades además tienen que cumplir con la obligación constitucional y convencional antes mencionada sin dejar de observar los principios de los derechos humanos que rigen su aplicación, como son el principio de universalidad, el principio de indivisibilidad, el principio de progresividad y el principio de interdependencia.

El principio de progresividad, como ya hemos mencionado, es aquel que consiste en considerar tanto la gradualidad como el progreso. En tal sentido, esta situación implica que los derechos humanos siempre tendrán que encaminarse hacia una mejora constante en el sentido de su realización. Tal situación representa retos importantes en la interpretación y aplicación del principio de progresividad de los derechos humanos por parte de todas las autoridades encargadas de tomar decisiones en México.

Es autoridad el funcionario que en representación de un órgano público ejerce el poder o fuerza pública que la ley le atribuye, se aplica a “los tres poderes del Estado: Legislativo, Administrativo y Judicial, que son poder público; a las autoridades estatales: legislativas, administrativas y judiciales. Al órgano público es a quien la ley le atribuye fuerza o poder público, por eso se llega a señalar que es la autoridad y no la persona física la que lo representa”.[41]

Gabino Fraga afirma que: “cuando la competencia otorgada a un órgano implica la facultad de realizar actos de naturaleza jurídica que afecten la esfera de los particulares y la de imponer a estos sus determinaciones, es decir, cuando el referido órgano esta investido de facultades de decisión y de ejecución, se esta frente a un órgano de autoridad”.[42]

Las autoridades, son los funcionarios públicos que toman decisiones, tienen el poder de mandar, y hacen cumplir órdenes. Por lo que la decisión de autoridad, es la facultad que despliega efectos sobre el ciudadano.

Por lo cual el cometido del presente estudio ha sido el análisis del principio que refiere el desarrollo progresivo en la tutela de los derechos humanos (medidas progresivas, acciones, decisiones de autoridad, necesarias para lograr que sus habitantes puedan ejercer un derecho humano), y el análisis de “el porqué” debe tutelarse la no regresividad, con el objetivo de que las autoridades en el ejercicio de sus funciones se limiten a tomar decisiones que favorezcan en todo momento a las personas la protección más amplia, y eviten tomar decisiones que implique regresividad de derechos y por consiguiente mayores violaciones a derechos humanos.

VI. CONCLUSIONES

El principio de progresividad es un eje rector fundamental de los derechos humanos reconocidos en la Constitución, es de

---

41 Instituto de Investigaciones Jurídicas, *Diccionario Jurídico Mexicano, Op. Cit.,* Tomo I, Pp. 339 y 340.

42 Fraga, Gabino, *Derecho Administrativo,* México, Porrúa, 1980. P. 490.

carácter jurídico y operativo, y por su carácter accesorio de los derechos humanos, busca la materialización de la dignidad humana.

Este principio establece límites a las actuaciones de los Estados, o en su caso a la potestad del Estado.

La falta de un estudio claro y preciso de la naturaleza, contenido, alcance y aplicabilidad del principio de progresividad de los derechos humanos en razón de la jurisdicción constitucional y en razón del ámbito convencional deriva en un vacío o una ausencia, que para los ciudadanos representa inseguridad e impotencia frente a la autoridad, y para la autoridad representa ignorancia que se traduce en arbitrariedad y violación reiterada de derechos humanos.

La ausencia de un análisis exhaustivo que consolide un conocimiento basto del principio de progresividad, sumado al desconocimiento o poca experiencia que tienen las autoridades mexicanas para interpretarlo y/o aplicarlo correctamente, a dado lugar a que, en algunas ocasiones, las decisiones de las autoridades mexicanas en el ejercicio de sus funciones, representen una regresividad en materia de derechos humanos, y no así un progreso, como debiera ser.

A pesar de la obligación constitucional que tienen las autoridades mexicanas de observar y aplicar el principio de progresividad de los derechos humanos, la actividad de las autoridades que consiste en tomar decisiones, exige un conocimiento complejo de este principio, sobre todo respecto al contenido y alcances que garanticen una adecuada interpretación y aplicabilidad, pues México ha sido señalado y condenado en diversas ocasiones por los organismos internacionales, por ser omiso en cumplir con los acuerdos internacionales, al dejar de observar y no aplicar el principio de progresividad de los derechos humanos, y tomar decisiones que más que representar un avance gradual o mejora continua, representan un retroceso o disminución de derechos.

La doctrina (en su mayoría) sostiene el carácter jurídico y operativo del principio de progresividad. La característica evolutiva del derecho, siempre dará lugar a la necesidad de nueva teoría en cualquiera de sus materias, los derechos humanos no son la excepción; el principio ordena que para lograr la plena efectividad de los derechos humanos, se debe de ampliar el alcance y la protección de los mismos en la mayor medida posible.

Las decisiones de autoridad no deben de ser un obstáculo para que esto se logre, por el contrario el conocimiento de la naturaleza, concepto y alcances del principio de progresividad por parte de las autoridades encargadas de la tutela de los derechos humanos, sirve como medio para la correcta interpretación y aplicación del principio de progresividad.

Por lo que se realiza este esfuerzo con la intención de generar un estudio comprensivo sobre la naturaleza, concepto y parámetros de aplicación del principio de progresividad de los derechos humanos, que determine sus alcances tanto en el ámbito jurídico, como en el ámbito de la actividad jurídica a la que se aplica, y que pueda constituirse en una fuente de consulta previa a la toma de decisiones de las autoridades mexicanas y ofrezca a los estudiosos del derecho, operadores del derecho, y ciudadanos mexicanos en general un estudio relativo al principio de progresividad de los derechos humanos.

VI. FUENTES CONSULTADAS

Bolaños Linares, Rigel. *Principio de progresividad en materia de derechos humanos*, México, Porrúa, 2020.

Caballero González, Edgar S. *El diálogo jurisprudencial de la Suprema Corte de Justicia de la Nación con los tribunales constitucionales y regionales*, México, Porrúa, 2019.

Convención Interamericana de Derechos Humanos.

Centro de Ética Judicial, *Consideraciones sobre el Principio de progresividad en el tema de los derechos humanos*, México, 2016. Disponible en: https://www.centroeticajudicial.org/uploads/8/0/7/5/80750632/consideraciones sobre el principio de progresividad en el tema de los derechos humanos.pdf

Comisión Interamericana de Derechos Humanos, *Informe anual 1993*, Disponible en: https://www.cidh.oas.org/annualrep/93span/cap.V.htm

Comisión Nacional de los Derechos Humanos. *Los principio s de universalidad, interdependencia, indivisibilidad y progresividad de los derechos humanos*, México, CNDH, 2018. Disponible en: https://www.cndh.org.mx/sites/all/doc/cartillas/2015-2016/34-Principios-universalidad.pdf

Convención Sobre los Derechos de las Personas con Discapacidad.

Convención Sobre los Derechos del Niño.

Constitución Política de los Estados Unidos Mexicanos.

Corte Interamericana de Derechos Humanos, *Interacción entre el Derecho Internacional de los Derechos Humanos y el Derecho Internacional Humanitario*, Cuadernillo de Jurisprudencia de la Corte Interamericana de Derechos Humanos, San José, C.R., núm. 17, 2018. Disponible en: https://www.refworld.org/es/jur/caselawcomp/iacrthr/2018/es/128939

Declaración Universal de los Derechos Humanos.

Delgado Carbajal, Baruch F., *Reforma Constitucional en Derechos Humanos. El impacto en la impartición de justicia local*, México, Editorial Flores, 2014.

Fraga, Gabino, *Derecho Administrativo*, México, Porrúa, 1980.

Hernández Sampierie, Roberto et. al., *Metodología de la investigación*, 4a edición, D. F. México, Mc Graw Hill, 2006.

Herrera Pérez, Alberto, *El control de convencionalidad en materia de derechos humanos y la regularidad constitucional. Comentarios a la jurisprudencia 20/2014 de la Suprema Corte de Justicia de la Nación*, Revista Cuestiones Constitucionales, México, No 35, julio – diciembre 2016. Disponible en: file:///Users/DraGabrielaAguado/Downloads/%23%23common.file.namingPattern%23%23.pdf

Instituto de investigaciones Jurídicas, *Diccionario Jurídico Mexicano*, IV Tomos, México, Porrúa, 2016.

Lachira Sáenz, César Augusto, *Métodos y técnicas de la investigación jurídica*, México, LEEA, 2003.

López Bonilla, Irvin U. *La sistematización de la jurisprudencia de la Corte Interamericana de Derechos Humanos: una medida para su efectividad en México*, tesis doctoral, México, BUAP, 2022.

Mancilla Castro, Roberto Gustavo, *El principio de progresividad en el ordenamiento constitucional mexicano*, Revista Cuestiones Constitucionales, México, Núm. 33, julio-diciembre 2015. Disponible en: https://revistas.juridicas.unam.mx/index.php/cuestiones-constitucionales/article/view/6098/8039

Martínez Montenegro, Isnel, *Sobre los métodos de la investigación jurídica,* Revista chilena de derecho y ciencia política, Chile, Vol. 14, No. 01, Epub 30-Jun-2023. Disponible en: http://www.scielo.cl/scielo.php?script=sci_arttext&pid=S0719-21502023000100101&lng=es&nrm=iso

Nino, Carlos, *Algunos modelos metodológicos de la Ciencia Jurídica,* México, Fontamara, 2012.

Pacto Internacional de los Derechos Civiles y Políticos.

Pacto Internacional de Derechos Económicos, Sociales y Culturales.

Real Academia Española, Diccionario de la lengua española en línea, "Interpretar", Actualización 2023, Disponible en: https://dle.rae.es/interpretar

Schmelkes, Corina, *Manual para la presentación de anteproyectos e informes de investigación,* México, Oxford, 2014.

SUPREMA CORTE DE JUSTICIA DE LA NACIÓN, Tesis Aislada: 1a. CCXCI/2016 (10a.), Gaceta del Semanario Judicial de la Federación, México, Décima Época, Tomo I, oct. de 2017. Disponible en: https://bj.scjn.gob.mx/doc/tesis/PPhwMHYBN_4klb4Hahaj/%22Actos%20legislativos%22

SUPREMA CORTE DE JUSTICIA DE LA NACIÓN, Tesis de Jurisprudencia: 1a./J. 86/2017 (10a.) del Semanario Judicial de la Federación, México, Décima Época, Tomo I, oct. de 2017. Disponible en: https://sjf2.scjn.gob.mx/detalle/tesis/2015306

La progresividad en el ejercicio del derecho humano a la identidad por el registro civil

GERARDO ALAN DÍAZ NIETO[1]
ALINA DEL CARMEN NETTEL BARRERA[2]

SUMARIO: I. INTRODUCCIÓN; II. EVOLUCIÓN DE LA ACTIVIDAD ADMINISTRATIVA DEL REGISTRO CIVIL; III. EL PRINCIPIO DE PROGRESIVIDAD EN LA JURISPRUDENCIA MEXICANA Y SU ATENCIÓN EN LA ACTIVIDAD REGISTRAL PARA LA TUTELA DEL DERECHO A LA IDENTIDAD; IV. LOS RETOS DEL REGISTRO CIVIL EN LA APLICACIÓN DEL PRINCIPIO DE PROGRESIVIDAD PARA LA TUTELA DEL DERECHO A LA IDENTIDAD; V. CONCLUSIONES; VI. FUENTES CONSULTADAS.

---

1 Doctor en Derecho por la Universidad Autónoma de Querétaro. Profesor investigador de tiempo completo e integrante del Cuerpo Académico Consolidado "Derechos Humanos y Globalización", de la Facultad de Derecho de la de la Universidad Autónoma de Querétaro; Perfil Deseable Prodep; Miembro del Sistema Nacional de Investigadores (SNI I); correo: gadn84@hotmail.com.

2 Doctora en Derecho por la Universidad de Barcelona. Profesora investigadora de tiempo completo e integrante del Cuerpo Académico Consolidado "Derechos Humanos y Globalización", de la Facultad de Derecho de la de la Universidad Autónoma de Querétaro; Miembro del Sistema Nacional de Investigadores (SNI I).

RESUMEN: El derecho a la identidad es la vía de acceso a los derechos humanos, es por ello, que la protección de la identidad en México es un tema de gran trascendencia, esto de acuerdo a la obligación y reconocimiento en los tratados internacionales y en el párrafo octavo del artículo 4 de la Constitución Política de los Estados Unidos Mexicanos. El Registro Civil es la institución administrativa garante del derecho, que tiene la obligación de atender los criterios jurisprudenciales, relacionados con el principio de progresividad en el marco de los derechos humanos. Ahora bien, en los objetivos de la presente investigación, se revisará los criterios jurisprudenciales relacionados con el principio de progresividad y su aplicación en la actividad administrativa del Registro Civil, para determinar los alcances jurídicos en su aplicación.

PALABRAS CLAVE: Principio de progresividad, Derecho a la identidad, Registro Civil, Derechos Humanos.

I. INTRODUCCIÓN

El derecho a la identidad es el derecho humano que individualiza a cada persona dentro de una sociedad, el Registro Civil es la autoridad administrativa garante del pleno ejercicio de los derechos personalísimos, mediante el cual una persona puede ejercer los demás derechos humanos determinados en nuestra carta magna.

La identidad personal y jurídica de cada persona, resulta necesaria para el reconocimiento y desarrollo del proyecto de vida, se ve materializada la dignidad humana desde el registro de nacimiento y defunción; la actividad administrativa debe garantizar la legalidad, honradez, lealtad, imparcialidad y eficiencia en la prestación del servicio público registral.

Los oficiales del Registro Civil, son los que formalizan y dan fe a los actos del estado civil de las personas. A través de la función registral se asientan los hechos y actos civiles, siempre con perspectiva en la protección de los derechos humanos, una indebida decisión genera daños inconmensurables en la vida de las personas, es por ello, que el ejercicio de la actividad debe otorgar certeza jurídica, pero sobre todo garantizar su progresividad en la tutela del derecho humano.

El objeto de estudio de este trabajo, es revisar como las autoridades administrativas del Registro Civil, tienen el deber de preservar el principio de progresividad en la tutela del derecho a la identidad mediante su actividad registral; resulta necesario atender los criterios jurisprudenciales con relación al principio de progresividad, con la finalidad, de adecuar sus políticas institucionales que dignifiquen y garanticen el mandato constitucional.

Se utilizó el método analítico e inductivo, para comprender como la aplicación del principio de progresividad, tiene relación directa con la tutela del derecho a la identidad en la actividad administrativa y la obligación de los oficiales del Registro Civil, así como las demás autoridades administrativas de entender las consecuencias en la limitación del derecho.

Es de gran relevancia y trascendencia jurídica desde un enfoque transversal, sensibilizar sobre la necesidad de la perspectiva progresiva en el ejercicio del derecho a la identidad, para proteger la dignidad humana de todas las personas que se relacionan en sociedad. El Registro Civil debe cumplir con el mandato constitucional establecido en el párrafo octavo del artículo cuarto, además de ser una institución moderna, no solamente en la infraestructura, sino también garante en el ejercicio efectivo de la certeza jurídica, para el reconocimiento de la identidad personal y jurídica.

II. EVOLUCIÓN DE LA ACTIVIDAD ADMINISTRATIVA DEL REGISTRO CIVIL

La actividad registral tiene su origen principal en la Roma antigua, era trascendental por parte del emperador Servio Tulio, la organización y control de la actividad registral desde el nacimiento y muerte de las personas. El registro de ciudadanos se llevó a cabo con Marco Aurelio y la finalidad era llevar un control político, fiscal y militar.

En la Edad Media, las parroquias contaban con el control de la actividad registral de las personas católicas, por medio de libros. En el llamado siglo de las luces el Rey Luis XVI, instituyó que la justicia real organizara los actos civiles de las personas y es hasta la revolución francesa del año 1789, que se realizó una separación de la actividad administrativa del Estado con la Iglesia, es por ello que, en el año de 1804, se instauró el Registro Civil por medio del código napoleónico.

En el caso particular de México, durante la llamada conquista por parte de los españoles, las partidas parroquiales fueron el instrumento de registro de las personas, con base a la tradición cristiana se realizaron las modificaciones de nombres de personas indígenas a nombres de uso común, los cuales se repetían, generando de esta manera la homonimia y como consecuencia problemas en la certeza de los registros.

Durante la consumación del movimiento independista, se crea en la ciudad de Oaxaca el primer código civil, regulando la actividad registral del nacimiento, matrimonio y defunción de las personas, el estado comenzaba a intervenir en el control de la función administrativa.

El 27 de enero de 1857, se promulga la ley del Registro Civil, se buscaba la regulación institucional y comenzar a separar la actividad registral por parte de la iglesia católica, para dar paso, a la intervención del estado en la organización institucional, una de las acciones fue obligar a los padres a registrar a sus hijos en un plazo no mayor a las setenta y dos horas posterior a la fe del bautismo, así como, después del registro eclesiástico se tenía cuarenta y ocho horas para celebrar el matrimonio civil. En el año de 1859, con la creación de la ley sobre el estado civil de las personas, el presidente Benito Juárez decreta la separación de la Iglesia y el Estado, a su vez se crea la primera ley orgánica del Registro Civil, fortaleciendo la actividad registral, para la certeza del estado civil de las personas en todo el país.

> *"El Registro Civil, no sólo está constituido por el conjunto de oficinas y libros en donde se hacen constar los mencionados actos, sino que es fundamentalmente una institución de orden público, que funciona bajo un sistema de publicidad y que permite el control por parte del Estado de los actos más trascendentales de la vida de las personas físicas: nacimiento, matrimonio, divorcio, defunción, reconocimiento de hijos, adopción, tutela y emancipación."*[3]

La evolución del Registro Civil tuvo grandes retos, de índole económico, político y social, para su desarrollo como una actividad administrativa del estado. Durante la época del Porfiriato, hubo mayor infraestructura, en algunos estados gratuidad en las inscripciones registrales, aumento de oficinas para acercar los servicios, mayores vías de comunicación y mejor relación entre la Iglesia y Estado, lo anterior, contribuyó al desarrollo de la actividad.

En la etapa del México revolucionario, hubo pérdidas y destrucción de los libros registrales, derivado de la problemática social, económica y política, la actividad registral retrocedió considerablemente. Después de la lucha revolucionaria, era necesario estabilizar la función política y de gobierno, se recuperó poco a poco la actividad registral y el gobierno obligó a todas las personas al registro de nacimiento, para acceder a los programas de gobierno.

En los años ochenta y noventa, se empieza a formular la estrategia para modernizar la actividad del Registro Civil, por medio de instrumentos que garanticen mayor seguridad y certeza de la actividad del estado civil de las personas.

En la actualidad y durante la modernización integral del Registro Civil, se digitalizó y automatizó la función registral, se aumentó el número de oficialías para acercar los servicios a todas las personas, la creación de la Clave Única del Registro de

---

3 Rojina Villegas, Rafael, *Derecho Civil Mexicano*, tomo I, México, Porrúa, 1990, p.473.

Población para contar con un código único de identidad, así como una serie de políticas para abatir el subregistro y evitar la marginación de las personas, que no cuentan con un registro de nacimiento y no pueden hacer efectivo el pleno ejercicio de los demás derechos humanos que reconoce y protege la constitución.

> *"...El derecho al nombre propio, a la personalidad jurídica, a la nacionalidad y por ende a la identidad, constituye el derecho primigenio que se convierte de manera automática en la llave de acceso a otros derechos esenciales como el derecho a la salud, a la educación, a la protección y a la inclusión en la vida económica, cultural y política del país para cualquier persona..."*[4]
> *"La identidad no es sólo jurídica, implica una identidad personal, biológica, de género, social y cultural"*[5]

La tutela del derecho a la identidad actualmente es un gran reto, no es únicamente el simple registro jurídico administrativo, que permite a todas las personas contar con el reconocimiento de su identidad, ahora la institución debe tener una visión conforme a la progresividad del derecho a la identidad, de conformidad con lo establecido en el artículo primero constitucional.

> *"Entre las funciones que corresponden a los ordenamientos jurídicos en torno a la protección y respeto a la identidad personal y sus componentes, quizás la más básica comience por la consideración del derecho a la identidad como una prerrogativa inherente a las personas y su consagración, tanto a nivel interno*

---

4 Registro Nacional de Población. (2020). Derecho a la identidad la puerta de acceso a tus derechos, consultado el 20 de Abril de 2024, disponible en: https://www.gob.mx/segob/renapo/acciones-y-programas/derecho-a-la-identidad-la-puerta-de-acceso-a-tus-derechos

5 Comisión Nacional de Derechos Humanos. (2022). Niñas, niños y adolescentes tienen derecho a la identidad, consultado el 24 de Abril de 2024, disponible en: https://www.cndh.org.mx/sites/default/files/documentos/2022-02/Cuadri_NNA_identidad.pdf

> *en las cartas fundamentales de los Estados, como a nivel supranacional en instrumentos internacionales de derechos humanos."*[6]

El garantizar por parte del estado el reconocimiento y protección del derecho a la identidad como derecho humano en el artículo cuarto párrafo octavo, obliga a todas las autoridades y sobre todo al Registro Civil, a la evolución en la amplitud y alcances jurídicos para no trastocar el derecho humano a la identidad de las personas.

III. EL PRINCIPIO DE PROGRESIVIDAD EN LA JURISPRUDENCIA MEXICANA Y SU ATENCIÓN EN LA ACTIVIDAD REGISTRAL PARA LA TUTELA DEL DERECHO A LA IDENTIDAD

La reforma constitucional de Junio de 2011, constituyó un nuevo paradigma en la tutela de los derechos humanos, las transformación de una nueva forma de ver el Derecho, privilegiando la dignidad de las personas en el ejercicio de los derechos, frente al rigorismo y formalismo de la legalidad.

> *"...el estado liberal del derecho debe solo no empeorar las condiciones de vida de los ciudadanos, el estado de derecho social debe también mejorarlas."*[7]

La nueva forma de interpretar los textos jurídicos, por medio de un lente de alcance más amplio, que debe romper las

---

6 Álvarez, Rommy, Rueda, Natalia, *Derecho a la identidad, filiación y apellidos. Perspectiva desde los derechos de la infancia y de la mujer en los sistemas jurídicos chileno y colombiano.* Ius et Praxis, Chile, volumen *28*, número 2, 2022, p. 124-144, disponible en línea: https://dx.doi.org/10.4067/S0718-00122022000200124

7 Ferrajoli, Luigi, *Verdad y razón, Teoría del garantismo penal,* Madrid, Trota, 2011, p. 862.

barreras del formalismo jurídico, que atenta con la protección más amplia en el ejercicio del derecho.

El instrumento internacional que da sentido a la interpretación del principio de progresividad, se encuentra señalado en el numeral 2.1 del Pacto Internacional de los Derechos Económicos, Sociales y Culturales, señala lo siguiente:

> *"Los Estados parte en el presente pacto se comprometen a adoptar medidas, tanto por separado como mediante la asistencia y cooperación internacionales, especialmente económicas y técnicas, hasta el máximo de los recursos de que disponga, para lograr progresivamente, por todos los medios apropiados, inclusive en particular la adopción de medidas legislativas, la plena efectividad de los derechos aquí reconocidos."*[8]

La persona es el motor del derecho, y siempre debe protegerse, no puede menoscabarse ningún derecho fundamental reconocido en el marco constitucional, es aquí donde el derecho a la identidad, cobra gran relevancia jurídica en el respeto, protección y su garantía. No puede hablarse de derechos humanos, sino se cuenta con la consagración del derecho a la identidad para su promoción y ejercicio.

> *"En ese sentido, la Comisión de Derechos Humanos de la Ciudad de México (CDHCM) reconoce las diversas resoluciones que se han dado en el Pleno de la Suprema Corte de Justicia de la Nación (SCJN) vinculadas con la posibilidad de acceder a trámites de levantamiento de una nueva acta de nacimiento para el reconocimiento de la identidad de género autopercibida,*

---

8 Pacto Internacional de Derechos Económicos, Sociales y Culturales. Artículo 2.1 Adoptado y abierto a la firma, ratificación y adhesión por la Asamblea General en su resolución 2200 A (XXI), de 16 de diciembre de 1966, consultado el 15 de Abril de 2024 https://www.ohchr.org/sp/professionalinterest/pages/cescr.aspx

> *bajo el principio fundamental de garantizar el interés superior de la niñez y la autonomía progresiva de la voluntad."*[9]

Las autoridades administrativas que se encuentras vinculadas y relacionadas con la tutela del derecho a la identidad, tienen el mandato constitucional de respetar, proteger, promover y garantizar el derecho a la identidad, atendiendo a las máximas jurídicas de universalidad, indivisibilidad, interdependencia y progresividad.

> *"...el Estado tiene una obligación de hacer, es decir de adoptar providencias y adoptar los medios necesarios para responder a las exigencias de efectividad de los derechos involucrados, siempre en la medida de los recursos económicos y financieros para el cumplimiento de sus compromisos internacionales [...] como correlato de la progresividad existe un deber —si bien condicionado— de no regresividad, que no siempre deberá ser entendido como una prohibición de medidas que restrinjan el ejercicio de un derecho."* [10]

En el caso de la tutela del derecho a la identidad, la función de la justicia federal, tiene un papel preponderante en la interpretación y alcance del derecho en cuestión. Las autoridades administrativas como lo es el Registro Civil e instituciones relacionadas con la institución, en su actuar afectan y retroceden la gradualidad del derecho a la identidad, los alcances en su reconocimiento y protección deben ser cada vez más amplio, evitando en todo momento su regresividad.

---

9 Comisión de Derechos Humanos de la Ciudad de México. (2023). La CDHCM reconoce en las resoluciones de la SCJN el avance para garantizar el derecho a la identidad de género sin discriminación, consultado el 20 de Abril de 2024, disponible en: https://cdhcm.org.mx/2023/07/lacdhcm-reconoce-en-las-resoluciones-de-la-scjn-el-avance-para-garantizar-el-derecho-a-la-identidad-de-genero-sin-discriminacion/

10 Ferrer Mac-Gregor, Eduardo, *La exigibilidad directa del derecho a la salud y la obligación de progresividad y no regresividad (a propósito del caso Cuscul Pivaral y otros vs. Guatemala),* Boletín Mexicano de Derecho Comparado, nueva serie, año LI, núm. 154, enero-abril, 2019, p. 428, disponible en línea: http://dx.doi.org/10.22201/iij.24484873e.2019.154.14149

Las autoridades en el ámbito ejecutivo, legislativo y judicial, tienen la obligación de trabajar de manera conjunta para garantizar el derecho a la identidad de todas las personas. En el caso del Registro Civil su actividad administrativa corresponde al ámbito de la función ejecutiva, instaurar los mecanismos administrativos de aseguramiento de la inscripción de nacimiento de las personas; en la función legislativa, la adecuación normativa de los instrumentos jurídicos que encuentren relación con el derecho a la identidad, para otorgar la sistemática jurídica necesaria para materializar los anhelos constitucionales; y en el caso de la función judicial, las sentencias de la función jurisdiccional en torno a los derechos de identidad, deben siempre velar por los principios constitucionales y el control sobre la actividad administrativa que vulnera la progresividad del derecho.

La interpretación es "la actividad por la cual se determina el sentido de las expresiones del derecho"[11] en el caso de los alcances del derecho a la identidad, su interpretación progresiva, parte de lo dispuesto en el enunciado normativo a la aplicación y tutela de otros derechos transversales inherentes a la persona.

Un aspecto de gran relevancia jurídica, tiene que ver con la tutela del derecho a la identidad de las niñas, niños y adolescentes, su protección es diferenciada y reforzada. Su derecho a la identidad va íntimamente relacionado con el interés superior de la niñez y el deber de priorizar por parte de las autoridades, su desarrollo y ejercicio pleno de sus derechos.

Los derechos humanos son interdependiente, en el caso del derecho a la identidad es necesario para el ejercicio de todos los demás derechos humanos, "entendidos integralmente, sin

---

11 Carmona Tinoco, Jorge Ulises, *La interpretación judicial constitucional*, México, UNAM, Instituto de Investigaciones Jurídicas-Comisión Nacional de Derechos Humanos, 1996, p. 21.

jerarquías, exigibles entre sí y exigibles ante todas las autoridades que resulten competentes"[12]

En la función jurisdiccional, la aplicación de la progresividad del derecho a la identidad, se garantiza de manera efectiva los derechos de las infancias. Han surgido nuevos paradigmas en temas de reconocimiento de paternidad, identidad de género y modificación de actas registrales. Es por ello, que las autoridades administrativas han tenido que adecuar sus políticas de trabajo y sobre todo los procedimientos administrativos que obstruye el ejercicio de los derechos.

En ningún momento se debe discriminar el goce y ejercicio del derecho a la identidad, el respeto y garantía es obligatorio frente a cualquier autoridad. La progresividad del derecho a la identidad, asegura la amplitud de su protección.

Cabe destacar los criterios jurisprudenciales que la Corte Mexicana ha interpretado sobre el principio de progresividad.

> ***PRINCIPIO DE PROGRESIVIDAD DE LOS DERECHOS HUMANOS. SU NATURALEZA Y FUNCIÓN EN EL ESTADO MEXICANO.*** *El principio de progresividad que rige en materia de los derechos humanos implica tanto gradualidad como progreso. La gradualidad se refiere a que, generalmente, la efectividad de los derechos humanos no se logra de manera inmediata, sino que conlleva todo un proceso que supone definir metas a corto, mediano y largo plazos. Por su parte, el progreso implica que el disfrute de los derechos siempre debe mejorar. En tal sentido, el principio de progresividad de los derechos humanos se relaciona no sólo con la prohibición de regresividad del disfrute de los derechos fundamentales, sino también con la obligación positiva de promoverlos de manera progresiva y gradual, pues como lo señaló el Constituyente Permanente, el Estado mexicano tiene el mandato constitucional de realizar todos los cambios y transformaciones necesarias en la estructura económica, social, política y cultural del país, de manera que se garantice que todas las personas puedan*

---

[12] Silva García, Fernando, *Jurisprudencia Interamericana de Derechos Humanos. Criterios Esenciales*, México, Tirant LoBlanch. 2012, p. 541.

> *disfrutar de sus derechos humanos. Por tanto, el principio aludido exige a todas las autoridades del Estado mexicano, en el ámbito de su competencia, incrementar el grado de tutela en la promoción, respeto, protección y garantía de los derechos humanos y también les impide, en virtud de su expresión de no regresividad, adoptar medidas que sin plena justificación constitucional disminuyan el nivel de la protección a los derechos humanos de quienes se someten al orden jurídico del Estado mexicano.*[13]

La gradualidad del derecho a la identidad, es necesaria para aumentar la esfera de protección en la tutela del derecho, sobre todo entender que la identidad de la persona va más allá del simple registro jurídico administrativo emitido por la autoridad del Registro Civil.

> ***PROGRESIVIDAD DE LOS DERECHOS HUMANOS. CRITERIOS PARA DETERMINAR SI LA LIMITACIÓN AL EJERCICIO DE UN DERECHO HUMANO DERIVA EN LA VIOLACIÓN DE AQUEL PRINCIPIO.*** *El principio de progresividad de los derechos humanos tutelado en el artículo 1o. de la Constitución Política de los Estados Unidos Mexicanos, es indispensable para consolidar la garantía de protección de la dignidad humana, porque su observancia exige, por un lado, que todas las autoridades del Estado mexicano, en el ámbito de su competencia, incrementen gradualmente la promoción, respeto, protección y garantía de los derechos humanos y, por otro, les impide, en virtud de su expresión de no regresividad, adoptar medidas que disminuyan su nivel de protección. Respecto de esta última expresión, debe puntualizarse que la limitación en el ejercicio de un derecho humano no necesariamente es sinónimo de vulneración al principio referido, pues para determinar si una medida lo respeta, es necesario analizar si: (I) dicha disminución tiene como finalidad esencial incrementar el grado de tutela de un derecho humano; y (II) genera un equilibrio razonable entre los derechos fundamentales en juego, sin afectar de manera desmedida la eficacia de alguno de ellos. En ese sentido, para determinar si la limitación al ejercicio de un derecho humano viola el principio de*

---

[13] No. De Registro 2019325, PRINCIPIO DE PROGRESIVIDAD DE LOS DERECHOS HUMANOS. SU NATURALEZA Y FUNCIÓN EN EL ESTADO MEXICANO, [J]; 10a. Época; Segunda Sala; S.J.F. y su Gaceta; Tomo I, Febrero de 2019; Pág.980.

> *progresividad de los derechos humanos, el operador jurídico debe realizar un análisis conjunto de la afectación individual de un derecho en relación con las implicaciones colectivas de la medida, a efecto de establecer si se encuentra justificada.*[14]

La autoridad del Registro Civil en todo momento debe garantizar la dignidad de la persona relacionada con su identidad, es una obligación incrementar gradualmente la protección y garantía de lo dispuesto en el artículo cuarto párrafo octavo de la carta magna. El Registro Civil es una institución que debe otorgar certeza jurídica a los actos registrales, pero de conformidad a lo dispuesto en el artículo primero de la constitución en comento, también debe evitar la discriminación y menoscabo del derecho a la identidad.

> ***PRINCIPIO DE PROGRESIVIDAD. ES APLICABLE A TODOS LOS DERECHOS HUMANOS Y NO SÓLO A LOS LLAMADOS ECONÓMICOS, SOCIALES Y CULTURALES.*** *El principio de progresividad estuvo originalmente vinculado a los -así llamados- derechos económicos, sociales y culturales, porque se estimaba que éstos imponían a los Estados, sobre todo, obligaciones positivas de actuación que implicaban el suministro de recursos económicos y que su plena realización estaba condicionada por las circunstancias económicas, políticas y jurídicas de cada país. Así, en los primeros instrumentos internacionales que reconocieron estos derechos, se incluyó el principio de progresividad con la finalidad de hacer patente que esos derechos no constituyen meros "objetivos programáticos", sino genuinos derechos humanos que imponen obligaciones de cumplimiento inmediato a los Estados, como la de garantizar niveles mínimos en el disfrute de esos derechos, garantizar su ejercicio sin discriminación, y la obligación de tomar medidas deliberadas, concretas y orientadas a su satisfacción; así como obligaciones de cumplimiento mediato que deben ser acometidas progresivamente en función de las circunstancias específicas de cada país. Ahora bien, esta Primera Sala considera que,*

---

[14] No. De Registro 2014218, PROGRESIVIDAD DE LOS DERECHOS HUMANOS. CRITERIOS PARA DETERMINAR SI LA LIMITACIÓN AL EJERCICIO DE UN DERECHO HUMANO DERIVA EN LA VIOLACIÓN DE AQUEL PRINCIPIO, [J]; 10a. Época; Segunda Sala; S.J.F. y su Gaceta; Tomo I, Mayo de 2017; Pág.634.

> *a pesar de su génesis histórica, el principio de progresividad en nuestro sistema jurídico es aplicable a todos los derechos humanos y no sólo a los económicos, sociales y culturales. En primer lugar, porque el artículo 1o. constitucional no hace distinción alguna al respecto, pues establece, llanamente, que todas las autoridades del país, en el ámbito de sus competencias, están obligadas a proteger, garantizar, promover y respetar los derechos humanos de conformidad, entre otros, con el principio de progresividad. En segundo lugar, porque ésa fue la intención del Constituyente Permanente, como se advierte del proceso legislativo. Pero además, porque la diferente denominación que tradicionalmente se ha empleado para referirse a los derechos civiles y políticos y distinguirlos de los económicos, sociales y culturales, no implica que exista una diferencia sustancial entre ambos grupos, ni en su máxima relevancia moral, porque todos ellos tutelan bienes básicos derivados de los principios fundamentales de autonomía, igualdad y dignidad; ni en la índole de las obligaciones que imponen, específicamente, al Estado, pues para proteger cualquiera de esos derechos no sólo se requieren abstenciones, sino, en todos los casos, es precisa la provisión de garantías normativas y de garantías institucionales como la existencia de órganos legislativos que dicten normas y de órganos aplicativos e instituciones que aseguren su vigencia, lo que implica, en definitiva, la provisión de recursos económicos por parte del Estado y de la sociedad.*[15]

En el caso del derecho humano a la identidad, forma parte de los derechos civiles y políticos, así como también derechos económicos, sociales y culturales, los recursos presupuestarios asignados a la autoridad administrativa como es el caso del Registro Civil, no debe estar condicionada a las circunstancias de cada lugar, se debe garantizar los niveles mínimos para acercar los servicios que tutelen y garanticen la actividad registral con perspectiva de derechos humanos. El ejercicio del derecho no discrimina clases sociales, es un derecho de acceso universal

---

15 No. De Registro 2015306, PRINCIPIO DE PROGRESIVIDAD. ES APLICABLE A TODOS LOS DERECHOS HUMANOS Y NO SÓLO A LOS LLAMADOS ECONÓMICOS, SOCIALES Y CULTURALES, [J]; 10a. Época; Primera Sala; S.J.F. y su Gaceta; Tomo I, Octubre de 2017; Pág.191.

necesario para el reconocimiento de la dignidad humana y el ejercicio pleno de los demás derechos humanos, es por ello, que la actividad administrativa y legislativa, se debe adecuar a los criterios de interpretación jurisdiccional.

> ***PRINCIPIO DE PROGRESIVIDAD DE LOS DERECHOS HUMANOS. SU CONCEPTO Y EXIGENCIAS POSITIVAS Y NEGATIVAS.*** *El principio de progresividad está previsto en el artículo 1o. constitucional y en diversos tratados internacionales ratificados por México. Dicho principio, en términos generales, ordena ampliar el alcance y la protección de los derechos humanos en la mayor medida posible hasta lograr su plena efectividad, de acuerdo con las circunstancias fácticas y jurídicas. Es posible diseccionar este principio en varias exigencias de carácter tanto positivo como negativo, dirigidas a los creadores de las normas jurídicas y a sus aplicadores, con independencia del carácter formal de las autoridades respectivas, ya sean legislativas, administrativas o judiciales. En sentido positivo, del principio de progresividad derivan para el legislador (sea formal o material) la obligación de ampliar el alcance y la tutela de los derechos humanos; y para el aplicador, el deber de interpretar las normas de manera que se amplíen, en lo posible jurídicamente, esos aspectos de los derechos. En sentido negativo, impone una prohibición de regresividad: el legislador tiene prohibido, en principio, emitir actos legislativos que limiten, restrinjan, eliminen o desconozcan el alcance y la tutela que en determinado momento ya se reconocía a los derechos humanos, y el aplicador tiene prohibido interpretar las normas sobre derechos humanos de manera regresiva, esto es, atribuyéndoles un sentido que implique desconocer la extensión de los derechos humanos y su nivel de tutela admitido previamente. En congruencia con este principio, el alcance y nivel de protección reconocidos a los derechos humanos tanto por la Constitución como por los tratados internacionales, deben ser concebidos como un mínimo que el Estado Mexicano tiene la obligación inmediata de respetar (no regresividad) y, a la vez, el punto de partida para su desarrollo gradual (deber positivo de progresar).*[16]

---

[16] No. De Registro 2015305, PRINCIPIO DE PROGRESIVIDAD DE LOS DERECHOS HUMANOS. SU CONCEPTO Y EXIGENCIAS POSITIVAS Y NEGATIVAS., [J]; 10a. Época; Primera Sala; S.J.F. y su Gaceta; Tomo I, Octubre de 2017; Pág.189.

Las autoridades del Registro Civil, en todo momento tienen la obligación constitucional de aplicar las normas de manera progresiva y no regresiva, existe el choque entre la legalidad de la actuación y la afectación de un derecho humano, por la limitación legislativa, pero ello no debe ser una condicionante en su sentido negativo. Lo cierto es que el legislador debe adecuar en sentido positivo, las normas jurídicas que atentan con la tutela del derecho a la identidad y con la jurisprudencia emitida por el órgano garante de constitucionalidad en el país.

> ***PRINCIPIO DE PROGRESIVIDAD DE LOS DERECHOS HUMANOS. LA PROHIBICIÓN QUE TIENEN LAS AUTORIDADES DEL ESTADO MEXICANO DE ADOPTAR MEDIDAS REGRESIVAS NO ES ABSOLUTA, PUES EXCEPCIONALMENTE ÉSTAS SON ADMISIBLES SI SE JUSTIFICAN PLENAMENTE.*** *El principio referido impone al Estado, entre otras cuestiones, la prohibición de regresividad, la cual no es absoluta y puede haber circunstancias que justifiquen una regresión en cuanto al alcance y tutela de un determinado derecho fundamental. Sin embargo, dichas circunstancias están sujetas a un escrutinio estricto, pues implican la restricción de un derecho humano. En este sentido, corresponde a la autoridad que pretende realizar una medida regresiva (legislativa, administrativa o, incluso, judicial) justificar plenamente esa decisión. En efecto, en virtud de que el artículo 1o. de la Constitución Política de los Estados Unidos Mexicanos impone a todas las autoridades del Estado Mexicano la obligación de respetar el principio de progresividad, cuando cualquier autoridad, en el ámbito de su competencia, adopta una medida regresiva en perjuicio de un derecho humano y alega para justificar su actuación, por ejemplo, la falta de recursos, en ella recae la carga de probar fehacientemente esa situación, es decir, no sólo la carencia de recursos, sino que realizó todos los esfuerzos posibles para utilizar los recursos a su disposición, en el entendido de que las acciones y omisiones que impliquen regresión en el alcance y la tutela de un derecho humano sólo pueden justificarse si: a) se acredita la falta de recursos; b) se demuestra que se realizaron todos los esfuerzos necesarios para obtenerlos, sin éxito; y, c) se demuestra que se aplicó el máximo de los recursos o que los recursos de que se disponía se aplicaron a tutelar otro derecho humano (y no cualquier objetivo social), y que la importancia relativa de satisfacerlo prioritariamente, era mayor. Esto es, si bien es cierto que las autoridades legislativas*

> *y administrativas tienen, en ciertos ámbitos, un holgado margen de actuación para diseñar políticas públicas, determinar su prioridad relativa y asignar recursos, también lo es que dicha libertad se restringe significativamente cuando está en juego la garantía de los diversos derechos humanos reconocidos por nuestro sistema jurídico, ya que éstos, en tanto normas que expresan el reconocimiento de principios de justicia de la máxima importancia moral, tienen prioridad prima facie frente a cualquier otro objetivo social o colectivo, pues en una sociedad liberal y democrática, estos últimos tienen solamente valor instrumental y no final, como los derechos humanos.*[17]

En el caso de que las autoridades del Registro Civil, quieran emitir medidas regresivas se debe justificar plenamente la medida, en este caso puede ser la falta de recursos, es inminente probar fehacientemente la situación y acreditar los esfuerzos realizados para la realización del fin. En el caso del derecho humano a la identidad, es prioritario para todas las personas en nuestro país, no puede escatimarse el ejercicio de los recursos, la asignación siempre debe ser en sentido positivo, para evitar marginar e invisibilidad la dignidad de las personas a su reconocimiento como un ser único.

> ***PROGRESIVIDAD DE LOS DERECHOS HUMANOS. CRITERIOS PARA DETERMINAR SI LA LIMITACIÓN AL EJERCICIO DE UN DERECHO HUMANO DERIVA EN LA VIOLACIÓN DE AQUEL PRINCIPIO.*** *El principio de progresividad de los derechos humanos tutelado en el artículo 1o. de la Constitución Política de los Estados Unidos Mexicanos, es indispensable para consolidar la garantía de protección de la dignidad humana, porque su observancia exige, por un lado, que todas las autoridades del Estado mexicano, en el ámbito de su competencia, incrementen*

---

17 No. De Registro 2015304, PRINCIPIO DE PROGRESIVIDAD DE LOS DERECHOS HUMANOS. LA PROHIBICIÓN QUE TIENEN LAS AUTORIDADES DEL ESTADO MEXICANO DE ADOPTAR MEDIDAS REGRESIVAS NO ES ABSOLUTA, PUES EXCEPCIONALMENTE ÉSTAS SON ADMISIBLES SI SE JUSTIFICAN PLENAMENTE, [J]; 10a. Época; Primera Sala; S.J.F. y su Gaceta; Tomo I, Octubre de 2017; Pág.188.

gradualmente la promoción, respeto, protección y garantía de los derechos humanos y, por otro, les impide, en virtud de su expresión de no regresividad, adoptar medidas que disminuyan su nivel de protección. Respecto de esta última expresión, debe puntualizarse que la limitación en el ejercicio de un derecho humano no necesariamente es sinónimo de vulneración al principio referido, pues para determinar si una medida lo respeta, es necesario analizar si: (I) dicha disminución tiene como finalidad esencial incrementar el grado de tutela de un derecho humano; y (II) genera un equilibrio razonable entre los derechos fundamentales en juego, sin afectar de manera desmedida la eficacia de alguno de ellos. En ese sentido, para determinar si la limitación al ejercicio de un derecho humano viola el principio de progresividad de los derechos humanos, el operador jurídico debe realizar un análisis conjunto de la afectación individual de un derecho en relación con las implicaciones colectivas de la medida, a efecto de establecer si se encuentra justificada.[18]

El principio de progresividad con relación del derecho humano a la identidad, como ya se ha señalado, se encuentra vinculado con la dignidad humana de todas las personas, la autoridad administrativa del Registro Civil, siempre tiene la obligación de incrementar su garantía y protección constitucional. Se establece de conformidad a la jurisprudencia que, al limitar el goce en el ejercicio del derecho humano, no necesariamente vulnera el principio en comento.

Para el caso de limitar el derecho a la identidad, de acuerdo a la jurisprudencia en cita, se tendría que analizar si dicha disminución es en beneficio de otro derecho humano y que ese derecho humano no genere una afectación desmedida a la eficacia del derecho a la identidad. No debe dejarse a un lado que el análisis debe ser integral para su justificación. Se reitera que

---

18 No. De Registro 2014218, PROGRESIVIDAD DE LOS DERECHOS HUMANOS. CRITERIOS PARA DETERMINAR SI LA LIMITACIÓN AL EJERCICIO DE UN DERECHO HUMANO DERIVA EN LA VIOLACIÓN DE AQUEL PRINCIPIO, [J]; 10a. Época; Segunda Sala; S.J.F. y su Gaceta; Tomo I, Mayo de 2017; Pág. 634.

difícilmente se puede justificar el sentido negativo con relación al derecho a la identidad, derivado que el derecho humano en cuestión, necesario e indispensable para el pleno ejercicio de los otros derechos humanos y sin la tutela del mismo, se complica contundentemente el acceso a los demás.

IV. LOS RETOS DEL REGISTRO CIVIL EN LA APLICACIÓN DEL PRINCIPIO DE PROGRESIVIDAD PARA LA TUTELA DEL DERECHO A LA IDENTIDAD.

El Registro Civil, se encuentra vinculado con los distintos ámbitos de la administración pública federal, estatal y municipal. La actividad del registro del estado civil de las personas es competencia de las entidades federativas, de conformidad al artículo 121 de la ley cimera que a la letra dice:

> *"En cada entidad federativa se dará entera fe y crédito de los actos públicos, registros y procedimientos judiciales de todas las otras. El Congreso de la Unión, por medio de leyes generales, prescribirá la manera de probar dichos actos, registros y procedimientos, y el efecto de ellos, sujetándose a las bases siguientes:*
> *IV. **Los actos del estado civil ajustados a las leyes de una entidad federativa**, tendrán validez en las otras."*[19]

A nivel federal, el Registro Civil tiene relación directa con el Registro Nacional de Población (RENAPO), unidad administrativa adscrita a la Secretaría de Gobernación de la Administración Pública Federal, quien organiza la colaboración de la política nacional de población y específicamente la coordinación con las direcciones de registro civil estatales, para coordinar el registro

---

[19] Constitución Política de los Estados Unidos Mexicanos. (2024). Artículo 121, consultado el 20 de Abril de 2024, disponible en: https://www.diputados.gob.mx/LeyesBiblio/pdf/CPEUM.pdf

nacional de población, con la finalidad de estandarizar políticas y homogeneizar los marcos normativos locales con relación a la legislación general y federal.

En el caso de la administración municipal, existe una relación directa con la Dirección Estatal de los Registros Civiles, las distintas oficialías se encuentran ubicadas en los recintos dentro del municipio y en su caso los oficiales del Registro Civil, como es el caso de Querétaro y otras entidades, se encuentran adscritos laboralmente a la estructura del gobierno municipal.

Por lo anteriormente señalado, es que la coordinación entre las administraciones públicas es necesaria para cumplir los fines, en torno a la tutela del derecho a la identidad, logrando así la visibilidad por parte del estado para el reconocimiento y dignidad de la persona humana, tal concepto, indica dos ideas, por un lado la 'dignidad', indica la posición especial del hombre en el cosmos; por el otro, la posición que ocupa en la vida pública.[20] La homologación legislativa y el efectivo trabajo colaborativo institucional en todos los órdenes y niveles de gobierno, es un aspecto trascendental, para los objetivos establecido en los planes nacional y locales de desarrollo, de igual forma, el cumplimiento del mandato constitucional.

En este contexto, los retos de los registros civiles para la tutela del derecho a la identidad, no se logran de manera aislada, es necesario que la función legislativa, judicial y la participación de los órganos constitucionales autónomos colaboren integralmente para sensibilizar y se conozca la trascendencia e importancia del respeto a la identidad de las personas.

La individualidad de cada persona tiene su origen, a partir de su nacimiento y jurídicamente se reconoce, al momento de su inscripción registral, en ese momento el estado administrativamente lo reconoce como un ser de derechos personalísimos.

---

20 Becchi, Paolo, *El principio de la dignidad humana*, Fontamara, México, 2012, p. 11.

"El Estado viene ineludiblemente obligado a respetar y proteger la dignidad. reconocida de la persona y su dignidad, el Estado y demás entes públicos deben respetarla y protegerla."[21] La constitución mexicana establece en su párrafo octavo artículo 4:

> *"Toda persona tiene derecho a la identidad y a ser registrado de manera inmediata a su nacimiento. El Estado garantizará el cumplimiento de estos derechos. La autoridad competente expedirá gratuitamente la primera copia certificada del acta de registro de nacimiento".*[22]

El marco normativo, se ha limitado a la perspectiva registral de la tutela del derecho, pero la protección es más amplia en su sentido progresivo e integral. La función judicial, como se señaló líneas arriba, marca la pauta a partir del principio de progresividad de los derechos humanos, en su sentido positivo, obliga a todas las autoridades a la protección más amplia en la tutela e interpretación del derecho, es por ello, que el sentido y alcance jurídico de la identidad personal, debe ampliarse su esfera de comprensión, evolucionando del simplismo jurídico a la transversalidad en la función del derecho, siempre relacionado con la dignidad humana.

V. CONCLUSIONES

La función del Registro Civil como autoridad administrativa, formaliza los actos del estado civil de las personas, para contribuir en primera instancia con la tutela del derecho a la identidad, trascendental jurídicamente en la vida de todas las personas, desde su nacimiento hasta la muerte. Los avances que ha logrado la institución registral son significativos, a partir de

---

21 González Pérez, Jesús, *La Dignidad de la Persona*, Madrid, Civitas, S.A., 1986. p.61

22 Constitución Política de los Estados Unidos Mexicanos. (2024). Artículo 4 párrafo octavo, consultado el 20 de Abril de 2024, disponible en: https://www.diputados.gob.mx/LeyesBiblio/pdf/CPEUM.pdf

la reingeniería administrativa para lograr la seguridad y certeza jurídica de los actos registrales.

La colaboración institucional en todos los órdenes y niveles de gobierno, resulta necesario para dignificar y entender la progresividad del ejercicio de la identidad de las personas, la capacitación de los oficiales del Registro Civil para entender la función administrativa desde una perspectiva de los derechos humanos, no debe ser exclusivo a ellos, es necesario que todas las autoridades comprendan la importancia del derecho a la identidad en su sentido más amplio.

Las violaciones mediante acciones y omisiones son una constante que se debe evitar a toda costa, sobre todo en las personas más vulnerables como lo son las niñas, niños y adolescentes, adultos mayores, marginados sociales y situaciones de género. La actividad judicial marca la pauta del deber ser en la actuación administrativa y sobre todo los límites, directrices y parámetros, al momento de la construcción de la norma jurídica con visión garantista y progresiva.

VI. FUENTES CONSULTADAS.

Álvarez, Rommy, Rueda, Natalia, *Derecho a la identidad, filiación y apellidos. Perspectiva desde los derechos de la infancia y de la mujer en los sistemas jurídicos chileno y colombiano.* Ius et Praxis, Chile, volumen *28*, número 2, 2022, p. 124-144, disponible en línea: https://dx.doi.org/10.4067/S0718-00122022000200124

Becchi, Paolo, *El principio de la dignidad humana*, Fontamara, México, 2012.

Carmona Tinoco, Jorge Ulises, *La interpretación judicial constitucional*, México, UNAM, Instituto de Investigaciones Jurídicas-Comisión Nacional de Derechos Humanos, 1996.

Comisión Nacional de Derechos Humanos. (2022). Niñas, niños y adolescentes tienen derecho a la identidad, consultado el 24 de Abril de 2024, disponible en: https://www.cndh.org.mx/sites/default/files/documentos/2022-02/Cuadri_NNA_identidad.pdf

Comisión de Derechos Humanos de la Ciudad de México. (2023). La CDHCM reconoce en las resoluciones de la SCJN el avance para garantizar el derecho a la identidad de género sin discriminación, consultado el 20 de Abril de 2024, disponible en: https://cdhcm.org.mx/2023/07/lacdhcm-reconoce-en-las-resoluciones-de-la-scjn-el-avance-para-garantizar-el-derecho-a-la-identidad-de-genero-sin-discriminacion/

Constitución Política de los Estados Unidos Mexicanos. (2024). Artículo 4 párrafo octavo, consultado el 20 de Abril de 2024, disponible en: https://www.diputados.gob.mx/LeyesBiblio/pdf/CPEUM.pdf

Constitución Política de los Estados Unidos Mexicanos. (2024). Artículo 121, consultado el 20 de Abril de 2024, disponible en: https://www.diputados.gob.mx/LeyesBiblio/pdf/CPEUM.pdf

Ferrajoli, Luigi, *Verdad y razón, Teoría del garantismo penal*, Madrid, Trota, 2011.

Ferrer Mac-Gregor, Eduardo, *La exigibilidad directa del derecho a la salud y la obligación de progresividad y no regresividad (a propósito del caso Cuscul Pivaral y otros vs. Guatemala)*, Boletín Mexicano de Derecho Comparado, nueva serie, año LI, núm. 154, enero-abril, 2019, p. 428, disponible en línea: http://dx.doi.org/10.22201/iij.24484873e.2019.154.14149

González Pérez, Jesús, *La Dignidad de la Persona*, Madrid, Civitas, S.A., 1986.

Pacto Internacional de Derechos Económicos, Sociales y Culturales. Artículo 2.1 Adoptado y abierto a la firma, ratificación y adhesión por la Asamblea General en su resolución 2200 A (XXI), de 16 de diciembre de 1966, consultado el 15 de Abril de 2024 https://www.ohchr.org/sp/professionalinterest/pages/cescr.aspx

Registro Nacional de Población. (2020). Derecho a la identidad la puerta de acceso a tus derechos, consultado el 20 de Abril de 2024, disponible en: https://www.gob.mx/segob/renapo/acciones-y-programas/derecho-a-la-identidad-la-puerta-de-acceso-a-tus-derechos

Rojina Villegas, Rafael, *Derecho Civil Mexicano*, tomo I, México, Porrúa, 1990.

Silva García, Fernando, *Jurisprudencia Interamericana de Derechos Humanos. Criterios Esenciales*, México, Tirant LoBlanch. 2012.

TESIS JURISPRUDENCIALES

No. De Registro 2019325, PRINCIPIO DE PROGRESIVIDAD DE LOS DERECHOS HUMANOS. SU NATURALEZA Y FUNCIÓN EN EL ESTADO MEXICANO, [J]; 10a. Época; Segunda Sala; S.J.F. y su Gaceta; Tomo I, Febrero de 2019; Pág.980.

No. De Registro 2014218, PROGRESIVIDAD DE LOS DERECHOS HUMANOS. CRITERIOS PARA DETERMINAR SI LA LIMITACIÓN AL

EJERCICIO DE UN DERECHO HUMANO DERIVA EN LA VIOLACIÓN DE AQUEL PRINCIPIO, [J]; 10a. Época; Segunda Sala; S.J.F. y su Gaceta; Tomo I, Mayo de 2017; Pág.634.

No. De Registro 2015306, PRINCIPIO DE PROGRESIVIDAD. ES APLICABLE A TODOS LOS DERECHOS HUMANOS Y NO SÓLO A LOS LLAMADOS ECONÓMICOS, SOCIALES Y CULTURALES, [J]; 10a. Época; Primera Sala; S.J.F. y su Gaceta; Tomo I, Octubre de 2017; Pág.191.

No. De Registro 2015305, PRINCIPIO DE PROGRESIVIDAD DE LOS DERECHOS HUMANOS. SU CONCEPTO Y EXIGENCIAS POSITIVAS Y NEGATIVAS., [J]; 10a. Época; Primera Sala; S.J.F. y su Gaceta; Tomo I, Octubre de 2017; Pág.189.

No. De Registro 2015304, PRINCIPIO DE PROGRESIVIDAD DE LOS DERECHOS HUMANOS. LA PROHIBICIÓN QUE TIENEN LAS AUTORIDADES DEL ESTADO MEXICANO DE ADOPTAR MEDIDAS REGRESIVAS NO ES ABSOLUTA, PUES EXCEPCIONALMENTE ÉSTAS SON ADMISIBLES SI SE JUSTIFICAN PLENAMENTE, [J]; 10a. Época; Primera Sala; S.J.F. y su Gaceta; Tomo I, Octubre de 2017; Pág.188.

No. De Registro 2014218, PROGRESIVIDAD DE LOS DERECHOS HUMANOS. CRITERIOS PARA DETERMINAR SI LA LIMITACIÓN AL EJERCICIO DE UN DERECHO HUMANO DERIVA EN LA VIOLACIÓN DE AQUEL PRINCIPIO, [J]; 10a. Época; Segunda Sala; S.J.F. y su Gaceta; Tomo I, Mayo de 2017; Pág. 634.

La presunción de inocencia en el derecho disciplinario sancionador. Un análisis a la luz del principio de progresividad y su construcción jurisprudencial

ALEJANDRO DÍAZ REYES[1]

NOHEMÍ BELLO GALLARDO[2]

---

1 Licenciado en derecho, con estudios de Maestría en Impuestos y Doctorado en Derecho por la Universidad Autónoma de Querétaro. Miembro del Sistema Nacional de Investigadores (SNI). Integrante del Cuerpo Académico consolidado "Derechos Humanos y Globalización" de la Facultad de Derecho de la UAQ. **Coordinador del Capitulo Querétaro de la Asociación Méxicana de Derecho Administrativo**. Presidente de la Academia de Derecho Fiscal y Administradtivo de la Facultad de Derecho UAQ. Cel. +52 4421579585.Correo: alex-diaz-23@hotmail.com ORCID ID: https://orcid.org/0000-0001-7945-5267

2 Doctora en Derecho Público por la Universidad Veracruzana bajo el Programa Posgrado de calidad (CONAHCYT). Docente de tiempo completo en la Facultad de Derecho de la Universidad Autónoma de Querétaro, miembro del Sistema Nacional de investigadores desde el año 2009, integrante del núcleo Básico de los programas integrados de maestría y doctorado en ciencias jurídicas, perfil PROMEP. Representante del Cuerpo Académico Consolidado 128 "Derechos Humanos y Globalización", nohemi.bello@uaq.mx. ORDCID https://orcid.org/0000-0002-6916-7816 Web of Science Researcher I:B-5097-2018

SUMARIO. I. INTRODUCCIÓN II. LA RESPONSABILIDAD DISCIPLINARIA DE LOS SERVIDORES PÚBLICOS Y EL DERECHO ADMINISTRATIVO SANCIONADOR EN EL ÁMBITO DISCIPLINARIO III. EL ASPECTO SUSTANTIVO Y PROCEDIMENTAL DEL DERECHO ADMINISTRATIVO SANCIONADOR DISCIPLINARIO Y SUS PRINCIPIOS RECTORES A LA LUZ DE LA TEORÍA DEL IUS PUDIENDI UNITARIO DEL ESTADO IV. LA PRESUNCIÓN DE INOCENCIA EN EL DERECHO ADMINISTRATIVO SANCIONADOR DISCIPLINARIO A LA LUZ DEL PRINCIPIO DE PROGRESIVIDAD Y SU CONSTRUCCIÓN JURISPRUDENCIAL. V. CONCLUSIONES VI. FUENTES CONSULTADAS.

RESUMEN: A partir del año 2015 se da un hecho importante en el sistema jurídico nacional al generarse con base a reformas constitucionales, legales y orgánicas la conformación de un Sistema Nacional Anticorrupción integrado por una serie de órganos, participación ciudadana, obligaciones, principios, instancias, herramientas, estructuras procedimentales y sustantivas en el ámbito administrativo y jurisdiccional enfocados en la prevención, detección, denuncia, investigación, fiscalización, y sanción de hechos que implique corrupción tanto de servidores públicos, como de particulares que manejen recursos públicos.

En tal sentido, en la presente investigación se analiza el principio de presunción de inocencia al interior de las estructuras procedimentales que se ejercen en el desarrollo del sistema de responsabilidades administrativas regulado por el derecho administrativo sancionador en el ámbito disciplinario. Partiendo de dos miradas: la teoria del *ius puniendi* único que adopta nuestro sistema legal y el principio de progresividad aplicado como parte de la construcción jurisprudencial realizada por los Tribunales Judiciales de la Federación, con el objetivo de evidenciar la trascendencia de este principio que limita los abusos de la autoridad en la materialización del derecho a castigar de la entidad estatal y su incidencia en el respeto a los derechos humanos.

PALABRAS CLAVE: Sistema anticorrupción, derecho administrativo sancionador disciplinario, responsabilidad administrativa, presunción de inocencia, principio de progresividad.

I. INTRODUCCIÓN

Una de las reformas que han tenido una importancia fundamental en nuestro sistema constitucional y legal lo es la creación del sistema nacional anticorrupción, dentro del cual se incrustó el sistema de responsabilidades administrativas que es regulado por el derecho administrativo sancionador en el ámbito disciplinar. Sin embargo, la adopción de los principios que rigen la actuación del Estado en este sistema sancionador se ha contruido sobre interpretaciones jurisprudenciales a causa de omisiones legislativas lo que ha originado un sistema complejo que implica la aplicación matizada de los principios del derecho penal al área del derecho administrativo sancionador.

En consecuencia, al interior del aspecto adjetivo que se ejerce a través del procedimiento administrativo sancionador se ha dado la disputa sobre la aplicabilidad de un principio que rige en la rama penal, como es el principio de presunción de inocencia.

Ante ello, la presente investigación tiene como objetivo vincular el principio de presunción de inocencia con la teoría del *ius puniendi* único del Estado y del principio de progresividad como forma de construcción, adopción y aplicación de este principio en el Derecho Administrativo Sancionador Disciplinar. De manera, que la adopción de este derecho humano en el campo procedimental implique un discurso de actuación de la autoridad a través su aplicación matizada.

En tal sentido, la presente investigación se justifica en virtud a la importancia e incidencia que tiene el principio de presunción de inocencia en el desarrollo del procedimiento administrativo sancionador en vitud a que constituye un dique en el ejercicio arbitrario del derecho a castigar del Estado en el ámbito adjetivo disciplinar.

Para tal efecto, se utilizó un método de investigación analítico, mismo que a través de la utilización de técnicas de investigación documental basadas en la normativa legal que se generó con estas reformas, así como en el discurso legal de los tribunales por medio de las interpretaciones jurisprudenciales y en la teoría nos permite analizar y a la vez vincular tres aspectos fundamentales como es el principio de presunción de inocencia con la teoría del *ius puniendi* único del Estado como teoría que adopta nuestro sistema legal y la construcción jurisprudencial que realizan los tribunales judiciales de la federación por medio de la aplicación del principio de progresividad en la resolución de este tipo de juicios que implique imputación en el área disciplinar.

Como consecuencia, se generé un lenguaje legal y de la autoridad sancionadora que reconozca de forma matizada la aplicación de este principio de presunción de inocencia en la parte adjetiva de derecho sancionador disciplinar. Lo que se traduce en una garantía de debida defensa y en un mecanismo que incida de forma positiva en la protección a los derechos humanos y en un dique a los abusos en la actuación de la autoridad en el ejercicio de la potestad sancionadora del Estado.

II. LA RESPONSABILIDAD DISCIPLINARIA DE LOS SERVIDORES PÚBLICOS Y EL DERECHO ADMINISTRATIVO SANCIONADOR EN EL ÁMBITO DISCIPLINAR DESDE UNA MIRADA DEL SISTEMA NACIONAL ANTICORRUPCIÓN.

Partimos de la idea, que Servidor Público son aquellas "... personas que desempeñan un empleo, cargo o comisión en los entes públicos, en el ámbito federal o local, conforme a lo dispuesto en el artículo 108 de la Constitución Política de los Estados Unidos Méxicanos."[3]

En este marco, es pertinente indicar que el 27 de mayo de 2015 mediante decreto[4] se dio una de las reformas en el ámbito de combate a la corrupción que han tenido una importancia fun-

---

3 Art. 3 fracción XXV, *Ley General de Responsabilidades Administrativas*, México, Diario Oficial de la Federación del 27/12/2022, disponible en línea: https://www.diputados.gob.mx/LeyesBiblio/pdf/LGRA.pdf (fecha de consulta 12 de mayo de 2024).

4 DOF, *Decreto por el que se reforman, adicionan y derogan diversas disposiciones de la Constitución Política de los Estados Unidos Mexicanos, en materia de combate a la corrupción*, 27 de mayo de 2025, Disponible en línea: https://www.dof.gob.mx/nota_detalle.php?codigo=5394003&fecha=27/05/2015#gsc.tab=0

damental en nuestro sistema jurídico, en razón a que con estas reformas se crea el Sistema Nacional Anticorrupción como una:

> *"... institución adecuada y efectiva encargada de establecer las bases generales para la emisión de políticas públicas integrales y directrices básicas en el combate a la corrupción, difusión de la cultura de integridad en el servicio público, transparencia en la rendición de cuentas, fiscalización y control de los recursos públicos, así como de fomentar la participación ciudadana, como condición indispensable en su funcionamiento. En ese contexto, dentro del nuevo marco constitucional de responsabilidades, dicho sistema nacional se instituye como la instancia de coordinación entre las autoridades de todos los órdenes de gobierno competentes en la prevención, detección y sanción de responsabilidades administrativas y hechos de corrupción, fiscalización, vigilancia, control y rendición de las cuentas públicas, bajo los principios fundamentales de transparencia, imparcialidad, equidad, integridad, legalidad, honradez, lealtad, eficiencia, eficacia y economía..."*[5]

Por tanto, este sistema nacional anticorrupción se erige en una "... instancia de coordinación entre las autoridades de todos los órdenes de gobierno competentes en la prevención, detección y sanción de responsabilidades administrativas y hechos de corrupción, así como en la fiscalización y control de recursos públicos."[6]

Cabe destacar, que al interior de este sistema de combate a la corrupción se regula en el Titulo Cuarto de la Constitución Federal[7] un sistema de responsabilidades administrativas que tiene por objeto:

---

5 Tesis I.10o.A.107 A (10a.). *SISTEMA NACIONAL ANTICORRUPCIÓN. SUS GÉNESIS Y FINALIDAD,* Semanario Judicial de la Federación y su Gaceta, Décima época. Junio 2019, p. 5361, disponible en línea: https://sjf2.scjn.gob.mx/detalle/tesis/2020037 (fecha de consulta 12 de mayo de 2024)

6 Art. 113, *Constitución Política de los Estados Unidos Méxicanos,* México, Diario Oficial de la Federación del 22/03/2024, disponible en línea: https://www.diputados.gob.mx/LeyesBiblio/pdf/CPEUM.pdf (fecha de consulta 12 de mayo de 2024).

7 Constitución Política de los Estados Unidos Méxicanos; *Ibídem,* art. 109 fracciones III y IV.

> *"... tutelar el correcto y cabal desarrollo de la función administrativa y, por ende, establecer, en favor de los ciudadanos, principios rectores de la función pública que se traducen en una garantía a su favor para que los servidores públicos se conduzcan con apego a la legalidad y a los principios constitucionales de honradez, lealtad, imparcialidad y eficiencia en el servicio público..."*[8]

A lo cual, este sistema se inicia por medio de procedimientos de investigación para dar paso a través del informe de presunta responsabilidad al inicio del procedimiento administrativo sancionador en el ambito disciplinar con la susbtanciación y sanción de actos u omisiones por parte de un Servidor Público o de un Particular que infrinjan en el desempeño del servicio o encargo los principios de:

a) Legalidad

b) Honradez

c) Lealtad

d) Impracialidad

e) Eficiencia.

Al respecto, el procedimiento administrativo sancionador en sus etapas de substanciación o de sanción, según la adecuación o calificación de la conducta en algunos de los tipos de infracción que conlleve falta grave o falta no grave, será llevado a cabo por Órganos Internos de Control, por la Auditoria Superior de la Federación o a través los Tribunales de lo Contencioso Administrativo federal o de las entidades federativas.

Un aspecto importante a resaltar es que en la materializarse estos procedimientos sancionadores se ejerce la potestad puni-

---

8 Tesis I.10o.A.107 A (10a.). *DERECHO HUMANO A VIVIR EN UN AMBIENTE LIBRE DE CORRUPCIÓN,* Semanario Judicial de la Federación y su Gaceta, Décima época. Noviembre 2019, p. 2335, Disponible en línea: https://sjf2.scjn.gob.mx/detalle/tesis/2021043 (fecha de consulta 12 de mayo de 2024)

tiva del Estado en manos de la Administración Pública regulada en sus aspecto sustantivo y procedimental por el derecho administrativo sancionador a través de una de sus ramas, que en terminos de la tesis 1ª. CCCXVI/2014[9] una de estas ramas es el derecho administrativo sancionador en el ambito disciplinar, al que estan sujetos los servidores públicos y los particulares.

III. EL ASPECTO SUSTANTIVO Y PROCEDIMENTAL DEL DERECHO ADMINISTRATIVO SANCIONADOR DISCIPLINARIO Y SUS PRINCIPIOS RECTORES A LA LUZ DE LA TEORÍA DEL *IUS PUDIENDI* UNITARIO DEL ESTADO

En la actualidad los Estados tienen en su poder por disposición constitucional una serie de potestades que desarrollan de forma exclusiva, una de estas potestades es el *ius puniendi*, que se traduce en "... la facultad que se le ha otorgado al Estado para imponer una pena o una medida de seguridad, ha adquirido rango constitucional y se integra por un sistema de principios, denominados limitativos al derecho de castigar, mediante los cuales se logra introducir una "barrera", ante posibles arbitrariedades."[10] Cabe destacar, que este derecho a castigar:

---

9 Tésis 1ª. CCCXVI/14,DERECHO ADMINISTRATIVO SANCIONADOR. EL PRINCIPIO DE LEGALIDAD DEBE MODULARSE EN ATENCIÓN A SUS ÁMBITOS DE INTEGRACIÓN, Tomo I, Décima época, Semanario Judicial de la Federación, 2014, Disponible en línea: https://sjf2.scjn.gob.mx/detalle/tesis/2007406 (fecha de consulta 12 de mayo de 2024)

10 Medina Cuenca Arnel. *Los principios limitativos del ius puniendi y las alternativas a las penas privativas de libertad,* IUS. Revista del Instituto de Ciencias Jurídicas de Puebla A.C., vol. , no. 19, pp.87-116, 2007, p. 88, Disponible en línea: https://www.redalyc.org/articulo.oa?id=293222926005 (fecha de consulta 12 de mayo de 2024)

> *"... es único y exclusivamente del Estado, no de un área del Derecho en exclusividad, este derecho a castigar se desglosa en el derecho penal y en el derecho administrativo sancionador, por tanto, en distintas áreas como la administrativa, laboral, electoral, disciplinaria, comunicaciones, competencia económica, etc. Cabe señalar que esta teoría es la aplicable en la actualidad en nuestro sistema legal con base a criterio jurisprudencial P./ J. 99/2006, que establece que tanto el derecho penal, como el derecho administrativo sancionador son dos manifestaciones que derivan de la potestad punitiva del Estado."*[11]

En tal aspecto, el *derecho administrativo sancionador* disciplinario conforma solo una de las ramas en que se desglosa el ejercicio de la potestad sancionadora en el área administrativa. Al respecto, existen autores que consideran que el ejercicio de la potestad sancionadora del Estado en el área administrativa solo se desglosa en dos ramas, es decir, el derecho administrativo sancionador contravencional y derecho administrativo sancionador disciplinario al considerar que:

> *"... las sanciones por infracciones administrativas pueden ser contravencionales o disciplinarias; aquellas cuando la infracción a las leyes administrativas únicamente perturban el buen funcionamiento de la Administración Pública, o afectan o lesionan diversos bienes jurídicos merecedores de protección en tanto que éstas, cuando un servidor público falta a los deberes impuestos de legalidad, honestidad, lealtad, imparcialidad y eficiencia de su cargo, empleo o comisión."*[12]

Sobre este punto, en concordancia con las interpretaciones jurisprudenciales nos apegamos a que el derecho administrativo sancionador disciplinar es una de las ramas en que se divide el

---

11 Vázquez Avedillo José Fernando y Eguiarte Mereles Carlos Rubén. (Coord), *Derechos Humanos y los deberes de actuación de la autoridad en México,* México, Tirant lo Blanch, 2023, p. 143.

12 Estrada Cuevas Jorge Alberto y Lucero Espinosa Manuel, Derecho Administrativo Sancionador, México, Tirant lo Blanch, 2023, p. 143.

derecho administrativo sancionador. Al tal efecto, el derecho administrativo sancionador regula "... el ejercicio de la potestad sancionadora de la Administración, las infracciones y la imposición de sanciones..."[13] Dividiendose en dos enfoques, uno sustantivo y otro adjetivo.

El aspecto sustantivo contiene básicamente cuatro aspectos la "... infracción administrativa, llamada también ilícito administrativo o falta contravencional, debe entenderse la conducta contraria a lo que la norma administrativa ordena, o la que ejecuta lo que ella prohibe"[14], los elementos que conforman el tipo contravencional, su respectiva sanción punitiva y sus pricipios rectores.

La falta administrativa en el ámbito sancionador disciplinar en que incurre un servidor un público o un particular puede ser grave, cuando su "... sanción corresponde al Tribunal Federal de Justicia Administrativa y sus homólogos en las entidades federativas."[15]

Las infracciones graves en que puede incurrir un servidor público se encuentran tipificadas en la Ley General de Responsabilidades Administrativas, de la siguiente forma:

"Cohecho, peculado, desvío de recursos públicos, utilización indebida de información, abuso de funciones, actuación bajo conflicto de interés, contratación indebida, enriquecimiento oculto o ocultamiento de conflicto de interés, simulación de acto jurídico,tráfico de influencias, encubrimiento, desacato, nepotísmo, obstrucción de la justicia, conductas que violen disposiciones sobre fideicomisos, omisión de enterar las cuotas,

---

13 Velázquez Tolsá Francisco Eduardo, *Derecho Administrativo Sancionador Mexicano,* México, Bosch, 2021, p. 179.

14 Estrada Cuevas Jorge Alberto y Lucero Espinosa Manuel, *ob cit;* p. 97.

15 Ley General de Responsabilidades Administrativas, *ob cit;* art. 3 fracción XVI.

aportaciones, cuotas sociales o descuentos ante el Instituto de Seguridad y Servicios Sociales de los Trabajadores del Estado." [16]

Al igual, en el ámbito sancionador disciplinar un servidor público puede incurrir en falta no grave, esta se distingue en razón a que su "... sanción corresponde a las Secretarías y a los Órganos internos de control."[17]

Estas encuentran tipificadas en la Ley General de Responsabilidades Administrativas, se actualizan cuando el Servidor Público por medio de actos u omisiones incumple con los siguientes obligaciones:

> *"a) Cumplir con las funciones, atribuciones y comisiones encomendadas, observando en su desempeño disciplina y respeto, tanto a los demás Servidores Públicos como a los particulares con los que llegare a tratar, en los términos que se establezcan en el código de ética, b) Denunciar los actos u omisiones que en ejercicio de sus funciones llegare a advertir, que puedan constituir Faltas administrativas, c) Atender las instrucciones de sus superiores, siempre que éstas sean acordes con las disposiciones relacionadas con el servicio público, d) Presentar en tiempo y forma las declaraciones de situación patrimonial y de intereses, e) Registrar, integrar, custodiar y cuidar la documentación e información que por razón de su empleo, cargo o comisión, tenga bajo su responsabilidad, e impedir o evitar su uso, divulgación, sustracción, destrucción, ocultamiento o inutilización indebidos, f) Supervisar que los Servidores Públicos sujetos a su dirección, cumplan con las disposiciones de este artículo, g) Rendir cuentas sobre el ejercicio de las funciones, h) Colaborar en los procedimientos judiciales y administrativos en los que sea parte, i) Los daños y perjuicios que, de manera culposa o negligente ocasione relacionado con faltas no graves."* [18]

Respecto a los elementos que conforman el tipo de infracción "... identificamos los siguientes: los sujetos activos y pasivo de la

---

16 Ley General de Responsabilidades Administrativas, *ob cit;* arts. 52 al 64 ter.

17 Ley General de Responsabilidades Administrativas, *ob cit;* art. 3 fracción XV.

18 Ley General de Responsabilidades Administrativas, *ob cit;* arts. 49 y 50.

infracción, y la conducta del infractor predicable de típica, antijurídica y culpable."[19] En lo tocante a las consecuencias punitivas, estas se regulan en el artículo 75 para las faltas administrativas no graves y artículo 76 para las faltas administrativas graves, ambos de la Ley General de Responsabilidades Administrativas.

Es importante resaltar, que el ejercicio de esta potestad por parte del Estado no es arbitraria, en tal razón, en en la Constitución y en la construcción jurisprudencial se regulan y formulan principios que limitan el actuar del legislador y de la autoridad en el ´ámbito sustantivo, al respecto siguiendo a Juan Manuel Ortega Maldonado[20], se citan los siguientes principios:

I. El de legalidad
II. El de reserva de la ley
III. El de tipicidad
IV. El de no retroactividad de la ley
V. El de culpabilidad
VI. El de personalidad de la pena
VII. El de proporcionalidad de la pena
VIII. El de *non bis in idem*
IX. El de prescripción

Por lo que concierne al aspecto procedimental en que divide el derecho administrativo sancionador disciplinar, este se inicia

---

19 Estrada Cuevas Jorge Alberto y Lucero Espinosa Manuel, *ob cit;* p. 105.

20 Citado en Díaz Reyes Alejandro y Aguado Romero Gabriela. *La tramitación autónoma del procedimiento tributario sancionador en México en el contexto del respeto al derecho humano a la seguridad jurídica*, Revista Digital De Derecho Administrativo, núm 20, 2018, p. 278. Disponible en línea: https://revistas.uexternado.edu.co/index.php/Deradm/article/view/5466/6660 (fecha de consulta 12 de mayo de 2024)

con la calificación de la conducta en falta grave o falta no grave a través del informe de presunta responsabilidad que emite la autoridad investigadora para iniciar la etapa de substanciación y posterior etapa de resolución, que se traduce en el ejercicio del *ius puniendi* por medio del procedimiento administrativo sancionador.

Por tal razón, el procedimiento administrativo sancionador se constituye en un instrumento fundamental que tiene "... la autoridad administrativa para ejercer la facultad sancionador, se integra por una serie de actos procedimentales que tienen por objeto la acreditación de la infracción, la responsabilidad del infracctor, y la imposición de la sanción establecida en la ley."[21]

En tal sentido, el procedimiento administrativo sancionador disciplinar es un "... conjunto de actos o formalidades concatenados entre sí en forma de juicio por autoridad competente, con el objeto de conocer irregularidades o faltas ya sean de servidores públicos o particulares, cuya finalidad, en todo caso, sea imponer alguna sanción; premisa que a partir de ella se orientará el presente estudio."[22]

Estos actos procedimentales concatenados se sistematizan en dos etapas, una de substanciación y la otra de resolución al interior del sistema de responsabilidades administrativas. Estos procedimientos para faltas no graves y faltas graves se encuentran regulados del artículo 90 al artículo 209 de la Ley General de Responsabilidades Administrativas.

En tal aspecto, en el desarrollo del procedimiento sancionador se encuentran reconocidos una serie de principios que rigen el ejercicio de la potestad sancionadora de la autoridad. En este sen-

---

21 Velázquez Tolsá Francisco Eduardo, *ob cit*; p. 223.

22 Suprema Corte de Justicia de la Nación, *Sentencia por contradicción de tesis*, Pleno de la Suprema Corte de Justicia de la Nación, expediente 200/2013, de fecha 28 de enero de 2014, párrafo 45, p. 56, Disponible en línea: https://www2.scjn.gob.mx/ConsultaTematica/PaginasPub/DetallePub.aspx?AsuntoID=151165 (fecha de consulta: 13 de mayo de 2024)

tido, ubicamos los principios de "... debido proceso, el de acceso a la justicia, el de presunción de inocencia, el de no autoincriminarse, el de caducidad y el de tutela jurisdiccional efectiva..."[23]

IV. LA PRESUNCIÓN DE INOCENCIA EN EL DERECHO ADMINISTRATIVO SANCIONADOR DISCIPLINARIO A LA LUZ DEL PRINCIPIO DE PROGRESIVIDAD Y SU CONSTRUCCIÓN JURISPRUDENCIAL.

La presunción de inocencia es un principio adjetivo del derecho penal que contempla tres manifestaciones que implican garantías de protección:

> *"1.- El primero, como una regla probatoria que impone la carga de la prueba para quien acusa y, por ende, la absolución en caso de duda.*
>
> *2.- El segundo, como regla de tratamiento al acusado que excluye o restringe al máximo la limitación de sus derechos fundamentales, sobre todo los que inciden en su libertad personal, con motivo del proceso que se instaura en su contra.*
>
> *3.- El tercero, como estándar probatorio o regla de juicio que puede entenderse como una norma que ordena a los jueces la absolución de los inculpados cuando durante el proceso no se han aportado pruebas de cargo suficientes para acreditar la existencia del delito y la responsabilidad de la persona."*[24]

En tal sentido, el principio de presunción de inocencia:

> *"... es un derecho universal que se traduce en que nadie puede ser condenado si no se comprueba plenamente el delito que se le imputa y la responsabilidad penal en su comisión, lo que significa que la presunción de inocencia la conserva el inculpado*

---

23 Ortega Maldonado Juan Manuel, citado en Díaz Reyes Alejandro y Aguado Romero Gabriela, *ob cit*; p. 278.

24 Suprema Corte de Justicia de la Nación, *ob cit*; párrafos 94 a 96, p.74.

durante la secuela procesal hasta que se dicte sentencia definitiva con base en el material probatorio existente en los autos."[25]

Sin embargo, al interior del derecho administrativo sancionador disciplinar la aplicación de este principio no ha estado ajena a disputas interpretativas de distintos Tribunales Federales.

Esta disputa, parte de la construcción jurisprudencial que se ha manifestado por una posición graduada en la aplicación de estos principios del derecho penal al derecho administrativo sancionador, que si bien, se indica que el *ius puniendi* del Estado es único y que se desglosa las vertientes del derecho penal y el derecho sancionaor en el ámbito administrativo, como consecuencia, se permite la aplicación de los principios del derecho penal al derecho administrativo sancionador, esto debe realizarse con las debidas modulaciones y matizaciones.

Así tenemos la tesis P./J. 99/2006 emitida por el Poder Judicial de la Federación que expresa el siguiente criterio:

> *"... Dada la similitud y la unidad de la potestad punitiva, en la interpretación constitucional de los principios del derecho administrativo sancionador puede acudirse a los principios penales sustantivos, aun cuando la traslación de los mismos en cuanto a grados de exigencia no pueda hacerse de forma automática, porque la aplicación de dichas garantías al procedimiento administrativo sólo es posible en la medida en que resulten compatibles con su naturaleza. Desde luego, el desarrollo jurisprudencial de estos principios en el campo administrativo sancionador -apoyado en el Derecho Público Estatal y asimiladas algunas de las garantías del derecho penal irá formando los principios sancionadores propios para este campo de la potestad punitiva*

25 Tésis 1a. I/2012 (10a.), PRESUNCIÓN DE INOCENCIA, Tomo 3, Décima época, Semanario Judicial de la Federación, enero de 2014, p. 2927. Disponible en línea: https://sjf2.scjn.gob.mx/detalle/tesis/2000124 (fecha de consulta 12 de mayo de 2024)

del Estado, sin embargo, en tanto esto sucede, es válido tomar de manera prudente las técnicas garantistas del derecho penal."[26]

En el mismo orden de ideas, se emite la tesis XLV/2002, emitida por el Tribunal Electoral del Poder Judicial de la Federación, en el sentido siguiente:

"... es válido sostener que los principios desarrollados por el derecho penal, en cuanto a ese objetivo preventivo, son aplicables al derecho administrativo sancionador, como manifestación del ***ius*** *puniendi. Esto no significa que se deba aplicar al derecho administrativo sancionador la norma positiva penal, sino que se deben extraer los principios desarrollados por el derecho penal y adecuarlos en lo que sean útiles y pertinentes a la imposición de sanciones administrativas, en lo que no se opongan a las particularidades de éstas, lo que significa que no siempre y no todos los principios penales son aplicables, sin más, a los ilícitos administrativos, sino que debe tomarse en cuenta la naturaleza de las sanciones administrativas y el debido cumplimiento de los fines de una actividad de la administración, en razón de que no existe uniformidad normativa, sino más bien una unidad sistémica, entendida como que todas las normas punitivas se encuentran integradas en un solo sistema, pero que dentro de él caben toda clase de peculiaridades, por lo que la singularidad de cada materia permite la correlativa peculiaridad de su*

---

[26] Tesis P./J. 99/2006, DERECHO ADMINISTRATIVO SANCIONADOR. PARA LA CONSTRUCCIÓN DE SUS PROPIOS PRINCIPIOS CONSTITUCIONALES ES VÁLIDO ACUDIR DE MANERA PRUDENTE A LAS TÉCNICAS GARANTISTAS DEL DERECHO PENAL, EN TANTO AMBOS SON MANIFESTACIONES DE LA POTESTAD PUNITIVA DEL ESTADO, Tomo XXIV, novena época, Semanario Judicial de la Federación, 2006, Disponible en línea: https://sjf2.scjn.gob.mx/detalle/tesis/174488 (fecha de consulta 12 de mayo de 2024)

> *regulación normativa; si bien la unidad del sistema garantiza una homogeneización mínima."*[27]

Esta posición que permea las distintas interpretaciones jurisprudenciales referentes a la aplicación de los principios del derecho penal, parte de la siguiente:

> *"...premisa fundamental: la similitud entre las penas y las sanciones administrativas dada la unidad de la potestad punitiva de Estado, bajo el entendido que, el derecho administrativo sancionador- y específicamente el procedimiento administrativo sancionador-, "no debe ser construido con los materiales y con las técnicas del derecho penal, sino desde el propio ámbito administrativo, del que obviamente forma parte, y desde la matriz constitucional y del derecho público estatal."*[28]

Esta posición que ha originado diversas contradicciones en interpretaciones referentes a los principios del derecho penal que deben ser aplicados de forma modulada al derecho administrativo sancionador, que como se señalo se ha estado construyendo sobre la base de interpretaciones jurisprudenciales emitidas por los Tribunales Jurisdiccionlales, en razón a que "... el Poder Constituyente mexicano no especificó en la norma fundamental- como si sucede en otros países de nuestro entorno jurídico-cuales son los principios rectores de las infracciones y sanciones administrativas; y en segundo lugar, por que el legislador ordinario omitió su desarrollo en las diversas leyes administrativas sancionadoras."[29]

---

[27] Tesis XLV/2002, DERECHO ADMINISTRATIVO SANCIONADOR ELECTORAL. LE SON APLICABLES LOS PRINCIPIOS DEL IUS PUNIENDI DESDARROLLADOS POR EL DERECHO PENAL, Suplemento 6, Revista del Tribunal Electoral del Poder Judicial de la Federación, 2003, p.p. 121 y 122, Disponible en línea: https://www.te.gob.mx/IUSEapp/tesisjur.aspx?idtesis=XLV/2002&tpoBusqueda=S&sWord=ius (fecha de consulta 12 de mayo de 2024)

[28] Estrada Cuevas Jorge Alberto y Lucero Espinosa Manuel, *ob cit;* p. 45.

[29] *Idem*

En consecuencia, esta problemática ha ocasionado diversas contradicciones de tésis que refieren la aplicabilidad del principio de presunción de inocencia en el ámbito del derecho administrativo sancionador. Al respecto se presento ante el Pleno de la Suprema Corte de Justicia de la Nación las denuncias por contradicción de tésis, formandose el expediente 200/2003[30] respecto a las jurisprudencias emitidas por la Primera y Segunda Sala de la Suprema Corte de Justicia de la Nación.

En este aspecto, los primeros criterios que concuerdan con la aplicación matizada del principio penal de presunción de inocencia al ámbito del derecho administrativo sancionador se sostiene:

> *"... que de la resolución dictada por la Primera Sala en el amparo en revisión 349/2012, derivaron las tesis aisladas XCIII/2013 (10a.) y XCVII/2013 (10a.), de rubros: "PRESUNCIÓN DE INOCENCIA. LA APLICACIÓN DE ESTE DERECHO A LOS PROCEDIMIENTOS ADMINISTRATIVOS SANCIONADORES DEBE REALIZARSE CON LAS MODULACIONES NECESARIAS PARA SER COMPATIBLE CON EL CONTEXTO AL QUE SE PRETENDE APLICAR.", y "PRESUNCIÓN DE INOCENCIA. EL ARTÍCULO 61 DE LA LEY DE FISCALIZACIÓN SUPERIOR DEL ESTADO DE MORELOS, NO VULNERA ESTE DERECHO EN SUS VERTIENTE DE REGLA DE TRATAMIENTO, REGLA PROBATORIA Y ESTÁNDAR DE PRUEBA."*[31]

En sentido contrario, los criterios que consideran que el principio de presunción de inocencia solo es aplicable al derecho penal, a través de la:

> *"... Segunda Sala sostuvo un criterio distinto al resolver el amparo en revisión 431/2013, del que surgieron las tesis aisladas 2a XC/2012 (10a.) y 2a XCI/2012 (10a.), de rubros: "PRESUNCIÓN DE INOCENCIA. CONSTITUYE UN PRINCIPIO CONSTITUCIONAL APLICABLE EXCLUSIVAMENTE EN EL PROCEDIMIENTO PENAL.", y*

---

30 Suprema Corte de Justicia de la Nación, *ob cit*; p.p. 1 a 85.

31 Suprema Corte de Justicia de la Nación, *ob cit*; párrafo 2, p.p.1 y 2.

> *"PRESUNCIÓN DE INOCENCIA. NO ES UN PRINCIPIO APLICABLE EN EL PROCEDIMIENTO ADMINISTRATIVO SANCIONADOR."*[32]

Es importante destacar, ante esta divergencia interpretativa, que en el año de 2011 se dieron una serie de reformas a la Constitución Federal, se adicionó el artículo primero reconociéndose una serie de criterios interpretativos, derechos humanos y garantías, estableciendo que:

> *"Las normas relativas a los derechos humanos se interpretarán de conformidad con esta Constitución y con los tratados internacionales de la materia favoreciendo en todo tiempo a las personas la protección más amplia.*
>
> *Todas las autoridades, en el ámbito de sus competencias, tienen la obligación de promover, respetar, proteger y garantizar los derechos humanos de conformidad con los principios de universalidad, interdependencia, indivisibilidad y progresividad."*[33]

Como consecuencia, nuestra Constitución Federal reconoce los principios fundamentales, entre otros:

I. Principio de interpretación conforme

II. Principio de convencionalidad

III. Principio control ex officio

IV. Principio pro homine

V. Principio de progresividad

Relacionado con lo anterior, en el apartado de garantías judiciales la Convención Americana sobre Derechos Humanos reconoce el principio de inocencia, al establecer que "... toda

---

32 Suprema Corte de Justicia de la Nación, *ob cit*; Párrafo 3, p. 2.

33 Constitución Política de los Estados Unidos Méxicanos, *ob cit;*, art. 1.

persona inculpada de delito tiene derecho a que se presuma su inocencia mientras no se establezca legalmente su culpabilidad"[34]

En tal sentido, realizando una interpretación armónica de los principios antes citados, nos lleva a "... afirmar que uno de los principios rectores del derecho, que debe ser aplicable en todos los procedimientos de cuyo resultado pudiera derivar alguna pena o sanción como resultado del "ius puniendi" del estado, es el principio de inocencia como derecho fundamental de todo ciudadano, aplicable y reconocible a las personas que pudiesen estar sometidas a un proceso o procedimiento administrativo sancionador..."[35]

Como consecuencia, el principio de presunción de inocencia es aplicable al ámbito adjetivo de derecho sancionador disciplinar, debido a:

> *"(I) a la naturaleza de éste que es gravoso, (II) a la cualidad punitiva del Estado con la que participa en este tipo de procedimientos, y (III) por la defensa e interpretación más amplia de la calidad de inocente derivado de los artículos 1°, 14 y 17 constitucionales, como en los diversos 8.2 de la invocada Convención Americana sobre Derechos Humanos; 11.1 de la Declaración Universal de los Derechos Humanos y 14 del Pacto Internacional de Derechos Civiles y Políticos; (IV) así porque este principio debe ser reconocido en todo procedimiento de cuyo resultado pudiera resultar una pena o sanción, derivado de la garantía de debido proceso."*[36]

En tal sentido, la aplicación del principio de presunción de inocencia al derecho administrativo sancionador disciplinario exige una graduación o matización por los tribunales del país que armo-

---

34 Art. 8.2, *Convención Americana sobre Derechos Humanos,* signada en San José Costa Rica, 22 de noviembre de 1969, Disponible en línea: https://www.oas.org/dil/esp/1969_Convención_Americana_sobre_Derechos_Humanos.pdf

35 Suprema Corte de Justicia de la Nación, *ob cit*; párrafo 100, p. 76.

36 Suprema Corte de Justicia de la Nación, *ob cit*; párrafo 105, p.p. 77 y 78.

nice los principios de interpretación conforme a la Constitución y los tratados internacionales, por medio de una protección más amplia al imputado, donde se respete su derecho al debido proceso.

Con ello, se cumple la exigencia de las autoridades que en la aplicación del principio de presunción de inocencia se debe realizar una interpretación progresiva que implique "... tanto gradualidad como progreso. La gradualidad se refiere a que, generalmente, la efectividad de los derechos humanos no se logra de manera inmediata, sino que conlleva todo un proceso que supone definir metas a corto, mediano y largo plazos. Por su parte, el progreso implica que el disfrute de los derechos siempre debe mejorar."[37]

Como consecuencia, del criterio intepretativo de progresividad al interior del procedimiento administrativo sancionador en el ámbito discilplinario se permite la aplicación del principio de presunción de inocencia debidamente matizado, y con ello se obliga:

> *"... a todas las autoridades del Estado mexicano, en el ámbito de su competencia, incrementar el grado de tutela en la promoción, respeto, protección y garantía de los derechos humanos y también les impide, en virtud de su expresión de no regresividad, adoptar medidas que sin plena justificación constitucional disminuyan el nivel de la protección a los derechos humanos de quienes se someten al orden jurídico del Estado mexicano."*[38]

---

37 Tesis 2a./J.35/ 2019 (10ª), PRINCIPIO DE PROGRESIVIDAD DE LOS DERECHOS HUMANOS, Décima época, Tomo I, Gaceta del Semanario Judicial del la Federación, Febrero de 2019, p. 980, Disponible en línea: https://sjf2.scjn.gob.mx/detalle/tesis/2019325 (fecha de consulta 12 de mayo de 2024)

38 *Idem.*

V. CONCLUSIONES

En la presente investigación, donde se analiza el principio de presunción de inocencia en el derecho disciplinario sancionador a la luz del principio de progresividad y su construcción jurisprudencial. Se comunican las siguientes conclusiones:

Primera: El derecho administrativo sancionador en el ámbito disciplinario es una rama del derecho administrativo sancionador.

Segunda: Nuestro sistema legal adopta la teoría del *ius puniendi* único del Estado, y su derivación en el derecho penal y el derecho administrativo sancionador.

Tercera: Ante la omisión legislativa, gran parte del sistema administrativo sancionador que adopta nuestro País, se ha contruido con base a interpretaciones jurisprudenciales.

Cuarta: En tal sentido, han surgido divergencias jurisprudenciales que con base a la aplicación matizada del principios de inocencia como principio del derecho penal al derecho administrativo sancionador disciplinario.

Quinta: En consecuencia, no se debe desconocer que en el área del derecho administrativo disciplinar, estamos ante el ejercicio del derecho a castigar del Estado, que al igual que el derecho penal requiere mayores salvaguardas y por tanto que se incrementen el grado de tutela que incida de forma más amplia en el respeto y garantía de los derechos humanos del imputado al interior de un procedimiento administrativo sancionador disciplinario.

VI. FUENTES CONSULTADAS

Bibliohemerografía

Estrada Cuevas Jorge Alberto y Lucero Espinosa Manuel, *Derecho Administrativo Sancionador*, México, Tirant lo Blanch, 2023.

Vázquez Avedillo José Fernando y Eguiarte Mereles Carlos Rubén. (Coord), *Derechos Humanos y los deberes de actuación de la autoridad en México*, México, Tirant lo Blanch, 2023.

Velázquez Tolsá Francisco Eduardo, *Derecho Administrativo Sancionador Mexicano*, México, Bosch, 2021.

Bibliohemerografía Digital

Convención Americana sobre Derechos Humanos, signada en San José Costa Rica, 22 de noviembre de 1969, Disponible en línea: https://www.oas.org/dil/esp/1969 Convención Americana sobre Derechos Humanos.pdf

Díaz Reyes Alejandro y Aguado Romero Gabriela. *La tramitación autónoma del procedimiento tributario sancionador en México en el contexto del respeto al derecho humano a la seguridad jurídica*, Revista Digital De Derecho Administrativo, núm 20, 2018, p. 278. Disponible en línea: https://revistas.uexternado.edu.co/index.php/Deradm/article/view/5466/6660 (fecha de consulta 12 de mayo de 2024)

Medina Cuenca Arnel. *Los principios limitativos del ius puniendi y las alternativas a las penas privativas de libertad*, IUS. Revista del Instituto de Ciencias Jurídicas de Puebla A.C., vol. , no. 19, pp.87-116, 2007, p. 88, Disponible en línea: https://www.redalyc.org/articulo.oa?id=293222926005 (fecha de consulta 12 de mayo de 2024)

Suprema Corte de Justicia de la Nación, *Sentencia por contradicción de tesis*, Pleno de la Suprema Corte de Justicia de la Nación, expediente 200/2013, de fecha 28 de enero de 2014, párrafo 45, p. 56, Disponible en línea: https://www2.scjn.gob.mx/ConsultaTematica/PaginasPub/DetallePub.aspx?AsuntoID=151165 (fecha de consulta: 13 de mayo de 2024)

Legislación

Constitución Política de los Estados Unidos Méxicanos, México, Diario Oficial de la Federación del 22/03/2024, disponible en línea: https://www.diputados.gob.mx/LeyesBiblio/pdf/CPEUM.pdf (fecha de consulta 12 de mayo de 2024).

Ley General de Responsabilidades Administrativas, México, Diario Oficial de la Federación del 27/12/2022, disponible en línea: https://www.diputados.gob.mx/LeyesBiblio/pdf/LGRA.pdf (fecha de consulta 12 de mayo de 2024).

DOF, *Decreto por el que se reforman, adicionan y derogan diversas disposiciones de la Constitución Política de los Estados Unidos Mexicanos, en materia de combate a la corrupción,* 27 de mayo de 2025, Disponible en línea: https://www.dof.gob.mx/nota_detalle.php?codigo=5394003&fecha=27/05/2015#gsc.tab=0

Jurisprudencias

TESIS P./J. 99/2006, Tomo XXIV, novena época, DERECHO ADMINISTRATIVO SANCIONADOR. PARA LA CONSTRUCCIÓN DE SUS PROPIOS PRINCIPIOS CONSTITUCIONALES ES VÁLIDO ACUDIR DE MANERA PRUDENTE A LAS TÉCNICAS GARANTISTAS DEL DERECHO PENAL, EN TANTO AMBOS SON MANIFESTACIONES DE LA POTESTAD PUNITIVA DEL ESTADO, Semanario Judicial de la Federación, 2006, Recuperada de: https://sjf2.scjn.gob.mx/detalle/tesis/174488 (fecha de consulta 12 de mayo de 2024)

TESIS XLV/2002, DERECHO ADMINISTRATIVO SANCIONADOR ELECTORAL. LE SON APLICABLES LOS PRINCIPIOS DEL IUS PUNIENDI DESDARROLLADOS POR EL DERECHO PENAL, Suplemento 6, Revista del Tribunal Electoral del Poder Judicial de la Federación, 2003, p.p. 121 y 122, Consultado en: https://www.te.gob.mx/IUSEapp/tesisjur.aspx?idtesis=XLV/2002&tpoBusqueda=S&sWord=ius (fecha de consulta 12 de mayo de 2024)

TÉSIS 1a. CCCXVI/14,DERECHO ADMINISTRATIVO SANCIONADOR. EL PRINCIPIO DE LEGALIDAD DEBE MODULARSE EN ATENCIÓN A SUS ÁMBITOS DE INTEGRACIÓN, Tomo I, Décima época, Semanario Judicial de la Federación, 2014, Disponible en línea: https://sjf2.scjn.gob.mx/detalle/tesis/2007406 (fecha de consulta 12 de mayo de 2024)

TESIS I.10o.A.107 A (10a.). *DERECHO HUMANO A VIVIR EN UN AMBIENTE LIBRE DE CORRUPCIÓN,* Semanario Judicial de la Federación y su Gaceta, Décima época. Noviembre 2019, p. 2335, Disponible en línea: https://sjf2.scjn.gob.mx/detalle/tesis/2021043 (fecha de consulta 12 de mayo de 2024)

TESIS 2a./J.35/ 2019 (10ª), PRINCIPIO DE PROGRESIVIDAD DE LOS DERECHOS HUMANOS, Décima época, Tomo I, Gaceta del Semanario Judicial del la Federación, Febrero de 2019, p. 980, Disponible en línea: https://sjf2.scjn.gob.mx/detalle/tesis/2019325 (fecha de consulta 12 de mayo de 2024)

TÉSIS 1a. I/2012 (10a.), PRESUNCIÓN DE INOCENCIA, Tomo 3, Décima época, Semanario Judicial de la Federación, enero de 2014, p. 2927. Disponible en línea: https://sjf2.scjn.gob.mx/detalle/tesis/2000124 (fecha de consulta 12 de mayo de 2024)

La progresividad en el derecho al agua. Más allá de lo programático

JOSÉ FERNANDO VÁZQUEZ AVEDILLO[1]
GABRIELA AGUADO ROMERO[2]

SUMARIO: I. INTRODUCCIÓN; II. EL DERECHO AL AGUA EN LA NORMA; III. EL DERECHO AL AGUA NO ES UN DERECHO ASPIRACIONAL NI PROGRAMÁTICO; IV. LOS DERECHOS SOCIALES Y SU JUSTICIABILIDAD; V. CONCLUSIONES; VI. REFERENCIAS

---

1 Doctor en Derecho. Profesor Investigador de tiempo completo e integrante del Cuerpo Académico Consolidado "Derechos Humanos y Globalización", del Facultad de Derecho de la Universidad Autónoma de Querétaro. Perfil Deseable Prodep, Miembro del Sistema Nacional de Investigadores, nivel I. Miembro de la Asociación Mexicana de Derecho Administrativo. https://orcid.org/0000-0002-2522-142X

2 Doctora en derecho por la Facultad de Derecho de la Universidad Autónoma de Querétaro. Miembro del Sistema Nacional de investigadores del CONAHCYT, SNI Nivel I, Profesora - Investigadora de Tiempo Completo, Perfil deseable PRODEP, Integrante del Cuerpo Académico Consolidado "Derechos Humanos y Globalización" de la UAQ.

I. INTRODUCCIÓN

Desde hace muchos años ha habido una inclinación a señalar que los derechos sociales llegan como complemento de los derechos civiles y políticos, a los cuales se les ha considerado con mayor importancia en su relación con los primeros, sin embargo, esta senda ha tomado un rumbo diferente, en la cual los derechos sociales han venido recuperando terreno para posicionarse en un lugar central de la vida de las personas en sociedad, desplazando en ciertos casos a los derechos civiles y políticos.

El campo de los derechos sociales resulta ser bastante amplio, pero en esta ocasión se pretende posicionar la mirada en uno en particular, en el derecho al agua, elemento sin el cual la vida no sería posible, circunstancia que pone al vital liquido en el centro de atención y punto de partida para todo lo demás.

A efecto de lo anterior, hay que reconocer que en México, muy a pesar de la letra de la Constitución y tratados internacionales sobre derechos humanos, son evidentes los obstáculos para la materialización de algunos derechos como el derecho al agua, circunstancia que los mantiene como una mera aspiración y provocando una gran brecha entre el ser y el deber ser.

En este sentido, el derecho al agua debería ocupar un lugar privilegiado dentro del estudio de los derechos sociales, asignándosele la importancia y trascendencia que éste representa, sin embargo, pareciera que en muchos casos es desdeñado y relegado como un mero derecho programático, circunstancia que se pretende abordar para mostrar el punto exacto donde debe de considerarse como detonador de lo que más importa a los seres humanos y que es la vida misma.

Es así que a través del método inductivo se analizará la situación que guarda el derecho al agua en su carácter de derecho social, buscando la justiciabilidad del mismo, para lo cual debe materializarse a través de acciones de gobierno y con ello posibilitar el desarrollo de muchos derechos humanos. Para este efecto, no solo se atenderá al aspecto teórico del tema sino también a lo señalado por la ley y la jurisprudencia que con el paso del tiempo se han alineado con la protección de los derechos humanos.

II. EL DERECHO AL AGUA EN LA NORMA

El agua se debe de entender como el elemento básico para el desarrollo de la vida en todo el orbe. Este elemento se puede encontrar en diferentes estados, ya sea líquido (ríos, arroyos, océanos y en el propio subsuelo), sólido (en los polos y aquellos afluentes que por razones climáticas se congelan) y gaseoso (vapor que esta en la atmósfera). El la Tierra, el agua en su formato líquido representa el 70% de la superficie, sin embargo, de ese total, el 96% es el agua salada de los oceanos.

Es claro considerar que el agua dulce es el principal sustento de la vida de las personas en el planeta pues representa un elemento vital al que todas las personas deberían tener pleno acceso, sin embargo, esto no es así. Es claro que el derecho al agua es un derecho humano dentro de la clase de los derechos sociales que implica necesariamente una serie de acciones positivas a cargo del gobierno, lo cual termina posibilitando otros derechos humanos y en esencia el desarrollo de la vida misma de las personas.

El agua se constituye como elemento fundamental para proporcionar un medio de subsistencia y disfrute de la vida en todos sus aspectos (alimentarios, sanitarios, laborales y culturales). Dada la importancia del derecho en comento, la legislación se ha dado a la tarea de abordar la temática de manera que este derecho humano no solamente sea reconocido, sino también respetado, protegido y desde luego, cumplido.

Desde el punto de vista constitucional, el párrafo quinto del artículo 4°, se refiere al derecho al agua en los siguientes términos:

> *Toda persona tiene derecho al acceso, disposición y saneamiento de agua para consumo personal y doméstico en forma*

suficiente, salubre, aceptable y asequible. El Estado garantizará este derecho y la ley definirá las bases, apoyos y modalidades para el acceso y uso equitativo y sustentable de los recursos hídricos, estableciendo la participación de la Federación, las entidades federativas y los municipios, así como la participación de la ciudadanía para la consecución de dichos fines.[3]

Por su parte, el Pacto Internacional de Derechos Económicos, Sociales y Culturales (Pidesc), de forma intríseca hace referencia al derecho al agua, sobre todo como el elemento posibilitador de la vida humana.

Artículo 11

1. Los Estados Partes en el presente Pacto reconocen el derecho de toda persona a un nivel de vida adecuado para sí y su familia, incluso alimentación, vestido y vivienda adecuados, y a una mejora continua de las condiciones de existencia. Los Estados Partes tomarán medidas apropiadas para asegurar la efectividad de este derecho, reconociendo a este efecto la importancia esencial de la cooperación internacional fundada en el libre consentimiento.

Artículo 12

1. Los Estados Partes en el presente Pacto reconocen el derecho de toda persona al disfrute del más alto nivel posible de salud física y mental.[4]

Algunos pudieran considerar que el PIDESC no se refería al derecho al agua, sin embargo, el propio Comité de Derechos Económicos, Sociales y Culturales (CESCR), en su carácter de supervisor respecto de la aplicación del propio pacto, ha dejado en claro este tema desde la década de los noventa, mediante la

---

3 Constitución Política de los Estados Unidos Mexicanos. 2024. Recuperada de http://www.diputados.gob.mx/LeyesBiblio/pdf/1_241220.pdf

4 Pacto Internacional de Derechos Económicos, Sociales y Culturales. 2024. Recuperado de https://www.ohchr.org/sp/professionalinterest/pages/cescr.aspx

Observación General número 6, generada al seno del 13° periodo de sesiones de la Oficina del Alto Comisionado de las Naciones Unidas para los Derechos Humanos, en donde se señaló al agua como parte de los derechos sociales.[5] Asimismo, la Observación General Número 15, tambien ha puntualizado el tema al señalar "[…] el derecho de todos a disponer de agua suficiente, salubre, aceptable, accesible y asequible para el uso personal y doméstico."[6]

En este sentido debe señalarse que el propio Comité ha ido redondeando la idea del derecho al agua a través de múltiples observaciones derivadas del trabajo que realiza respecto de los informes que los países miembros rinden con relación al cumplimiento de sus deberes establecidos en el Pacto.

Con toda esta legislación y muchos otros instrumentos internacionales, pudiera considerarse que el tema del derecho al agua no debería de ser un problema, sin embargo, a la fecha muchas personas no tienen acceso al agua ni medios para alcanzarlo, razón por lo que sigue siendo un tema preocupante en la agenda mundial.

> *El acceso al agua y saneamiento es uno de los mayores retos del siglo 21. Según la OMS, 1.100 millones de personas en el mundo carecen de acceso a un agua segura y 2.400 millones de personas no tienen acceso a instalaciones sanitarias básicas. En consecuencia, cada año alrededor de 4 millones de personas, la mayoría de ellos niños, mueren por enfermedades relacionadas con agua y saneamiento.*[7]

---

5 Ver CESCR Observación general N° 6 (General Comments). Recuperado de https://www.acnur.org/fileadmin/Documentos/BDL/2005/3592.pdf?view=1

6 Ver CESCR Observación general N° 15: El derecho al agua (artículos 11 y 12 del Pacto Internacional de Derechos Económicos, Sociales y Culturales). Recuperado de https://www.escr-net.org/es/recursos/observacion-general-no-15-derecho-al-agua-articulos-11-y-12-del-pacto-internacional

7 Rojas, Mildred. Amnistía Internacional. El agua y los derechos económicos, sociales y culturales. 2017. Recuperado de https://www.amnistia.org/ve/blog/2017/10/3976/el-agua-y-los-derechos-economicos-sociales-y-culturales

En el mismo sentido, la Organización Mundial de la Salud (OMS) ha señalado que antes del año 2030, miles de millones de personas se quedarán sin servicio de agua potable si los gobiernos no empiezan a tomar medidas drásticas para garantizar dicho derecho.

> *Miles de millones de personas de todo el mundo se quedarán sin acceso a servicios de agua potable, saneamiento e higiene en el hogar gestionados de manera segura antes 2030 a menos que el índice de progreso se multiplique por cuatro, según un nuevo informe de la Organización Mundial de la Salud (OMS) y UNICEF.*
>
> *El informe del Programa Conjunto de Monitoreo Progress on household drinking water, sanitation and hygiene 2000 – 2020 ("Progresos en materia de agua para el consumo, el saneamiento y la higiene en los hogares") presenta las estimaciones relativas al acceso de los hogares a servicios de agua potable, saneamiento e higiene gestionados de manera segura a lo largo de los últimos cinco años, y evalúa los avances en la consecución de los seis Objetivos de Desarrollo Sostenible (ODS) con vistas a "garantizar la disponibilidad y la gestión sostenible del agua y el saneamiento para todos antes de 2030".*[8]

Se debe señalar que el derecho al agua impone tres tipos de obligaciones gubernamentales, a saber: respetar, proteger y cumplir, pero aunque esto se encuentra puntualmente dispuesto en la normativa nacional e internacional, México como muchos países, aún no pueden satisfacer tal demanda, dejando por tal motivo a muchas personas sin acceso a ese derecho, provocando con ello la no satisfacción del mínimo vital y por tanto incumpliendo con los deberes respecto de la dignidad de las personas.

---

8 Organización Mundial de la Salud. Miles de millones de personas se quedarán sin acceso a servicios de agua potable, saneamiento e higiene antes de 2030 a menos que el progreso se multiplique por cuatro, advierten la OMS y UNICEF. Ginebra y Nueva York. 2024. https://www.who.int/es/news/item/01-07-2021-billions-of-people-will-lack-access-to-safe-water-sanitation-and-hygiene-in-2030-unless-progress-quadruples-warn-who-unicef

En este punto de la relatoría cabría hacer una pregunta: ¿Qué esta causando que el derecho al agua no esté siendo atendido y resuelto conforme a la norma?

Para esta pregunta, comúnmente se escuchará como respuesta que no hay recursos económicos para satisfacer el derecho de todas las personas y entonces algunos considerarán que lo establecido en la norma es un mero derecho aspiracional que en algún momento deberá satisfacerse, siempre y cuando haya los recursos materiales y económicos suficientes. En este sentido, habrá que señalar que definitivamente el derecho al agua no puede ser considerado como un derecho aspiracional, como algo dependiente ciento por ciento de un presupuesto y para entender esto, se harán algunas consideraciones a continuación.

III. EL DERECHO AL AGUA NO ES UN DERECHO ASPIRACIONAL NI PROGRAMÁTICO

Hablar de un derecho aspiracional es referirise a algo cuyo cumplimiento sería benéfico; este tipo de derechos suelen aparecer en textos legales de características románticas, que pretenden funcionar como adalides de la justicia, pero que en la práctica no alcanzan a generar efectos materiales ni a producir consecuencias jurídicas más allá de lo simbólico, pues además, en caso de existir medios jurídicos para reclamarlos, estos no son efectivos ni logran su cometido.

Lo anterior da cuenta que para el caso mexicano, los derechos establecidos en el texto constitucional no tienen esas características y en términos generales, la pretensión constitucional y legal fija sus objetivos en cumplimentar los derechos que ahí son reconocidos, sin embargo, también hay que reconocer que las disposiciones legales no siempre señalan con claridad los medios a través de los cuales se harán efectivos los derechos y justamente es el derecho al agua, uno de esos derechos donde ni la Constitución ni las leyes precisan a ciencia cierta los medios a través de los cuales se hará efectivo dicho derecho, dejando al descubierto una brecha enorme entre el deber ser y el ser.

En este sentido, también resulta importante que la legislación vigente en México brinda la oportunidad de acudir en petición de justicia ante los órganos jurisdiccionales, sin embargo, nuevamente aparece un problema, y este se refiere al hecho de que lamentablemente aún y con una sentencia firme, el derecho al agua no puede hacerse realidad debido a circunstancias endógenas y exógenas al propio gobierno, que en la mayoría de los casos suele argumentar su incumplimiento por la falta de recursos públicos para atender la demanda de agua en el país y es entonces que aparece en la escena la idea de la existencia de derechos "programáticos", circunstancia que no debe ser así ya que el cumplimiento de los mismos no puede circunscribirse exclusivamente a un presupuesto, toda vez que básicamente todos los derechos, incluyendo los civiles y políticos estan supeditados a asignaciones presupuestarias, lo que implica no solo un trabajo en lo netamente económico, sino tambien en el plano político, esfera que en ocasiones se constituye como un verdadero obstáculo en la consecución de los derechos para la población.

Es así que el derecho al agua como otros derechos, requieren para su cumplimiento de la adopción de las medidas de diversa índole y naturaleza para garantizar la observacia del derecho en cuestión. Por ello es que se puede señalar que "... solo puede existir un derecho si hay una estructura detrás tendiente a garantizar su satisfacción."[9]

Con lo anterior se pretende dejar en claro que aunque existen múltiples dificultades para ubicar al derecho al agua, es menester tener en cuenta que no se trata de una mera aspiración con la que puede soñar una persona y esto lleva a considerar que el

---

9 Holmes, Stephen y Cass Sustein. El costo de los derechos. Siglo XXI editores, Buenos Aires, 2011, p. 18.

derecho al agua pertenece a un grupo de derechos de una naturaleza diferente, que como derecho humano debe ser satisfecho mediante acciones positivas del gobierno en su conjunto, lo que implica no solo la intervención del Poder Ejecutivo y su Administración Pública, sino también es menester la intervención del Poder Legislativo, el cual debe adoptar medidas que orienten el actuar del Ejecutivo y que en caso de incumplimiento se dé vista al Poder Judicial para enderezar la situación.

La afirmación anterior obliga a descubrir esa naturaleza jurídica que envuelve al derecho al agua, razón por la que resulta conveniente revisar el tema de los derechos sociales y su capacidad de ser atendidos y resueltos en beneficio de las personas.

IV. LOS DERECHOS SOCIALES Y SU JUSTICIABILIDAD

Para apuntalar la idea de los derechos sociales, es preciso iniciar dando un paso hacia atrás y hablando de los derechos económicos, sociales, culturales y ambientales.

En este sentido se debe entender que los Derechos Económicos, Sociales, Culturales y Ambientales, mejor conocidos como DESCA, son Derechos Humanos de segunda generación concebidos con la intención de asegurar a las personas el valor de la igualdad, haciendo incapie en las condiciones de vida, sin que esto sea un obstáculo para considerar otros aspectos como la diversidad cultural, geográfica y medioambiental de cada persona.

> *Los Derechos Económicos, Sociales, Culturales y Ambientales DESCA son aquellas condiciones necesarias que nos permiten vivir dignamente: salud y seguridad social, educación, vivienda, agua, alimentación, vestido, territorio, cultura, un medio ambiente sano.*[10]

---

10 PF-PIDESC COLOMBIA. ¿Qué son los Desca? Colombia. 2019, p. 1 http://protocolofacultativo.blogspot.com/2013/10/que-son-los-desca.html Recuperado el 6 de febrero de 2024.

Los Derechos Económicos, Sociales, Culturales y Ambientales, remiten ineludiblemente al campo de las obligaciones positivas, también conocidas como obligaciones de medio, debido a que el gobierno -en su conjunto- debe encauzar sus esfuerzos para poner en marcha una serie de acciones necesarias y suficientes, con la finalidad de lograr la consecución de dichos derechos. Resulta evidente que al ser derechos cuyo contenido implica una obligación de medio, representan a la esfera gubernamental costos, que en muchas ocasiones resultan difíciles de afrontar, circunstancia por la que su atención se torna como un asunto peligroso no sólo en términos económicos, sino también sociales y desde luego, políticos; de ahí que en muchas ocasiones sean considerados mañosamente como meras aspiraciones.

En México, tras la reforma constitucional del año 2011, la Carta Magna dio mejor cuenta sobre el tema de los derechos humanos, quedando mejor estructurado al grado de considerarse todo un cambio de paradigma constitucional, transitando de un modelo evidentemente positivista a uno de cuño iusnaturalista, donde hoy han quedado plenamente reconocidos; aunque habrá que señalar que no basta que un texto legal los considere, sino que además señale con claridad las vías bajo las cuales se podrán materializar y aquí es justamente donde comienzan los problemas, en la implementación de acciones para que los derechos humanos y particularmente los Desca se vean materializados en beneficio de la población.

> *El grave problema en América con los derechos económicos, sociales y culturales más que de reconocimiento jurídico es de cumplimiento, realización efectiva y, en su caso, acceso a la justicia.*[11]

---

11 Aguilar Cavallo, Gonzalo. ¿Son los Derechos Sociales sólo aspiraciones?: Perspectivas de la Comisión Interamericana de Derechos Humanos. En Fix Fierro et al. Construcción y papel de los derechos sociales fundamentales. Instituto de Investigaciones Jurídicas de la UNAM. México. 2011. p. 204. https://archivos.juridicas.unam.mx/www/bjv/libros/7/3063/10.pdf

Y en efecto, el problema de fondo con los DESCA no es su reconocimiento en textos legales, ya que para el caso mexicano, no solo se cuenta con el texto constitucional, sino además son aplicables algunos instrumentos internacionales como la Convención Americana sobre Derechos Humanos y el Pacto Internacional de Derechos Económicos, Sociales y Culturales, cuyo contenido es resguardado celosamente por la Comisión Interamericana de Derechos Humanos y desde luego, la Corte Interamericana de Derechos Humanos.

Washington, DC, 16 de diciembre de 1998

México se sumó hoy a los esfuerzos orientados a promover y fortalecer los derechos humanos en el hemisferio, al reconocer la jurisdicción obligatoria de la Corte Interamericana de Derechos Humanos.

En una ceremonia efectuada en la sede de la Organización de los Estados Americanos (OEA), en Washington, la Secretaria de Relaciones Exteriores de México, Embajadora Rosario Green, depositó en nombre de su gobierno el instrumento de aceptación de la competencia contenciosa de la Corte, señalando que el mismo representa "un paso adicional en el fortalecimiento del Estado de Derecho en México".

La aceptación de la competencia contenciosa de la Corte Interamericana, dijo la Embajadora Green, "constituye un hito en el tránsito de mi país hacia una sociedad cada vez más democrática, abierta y respetuosa de los derechos inalienables de todos sus integrantes". Tras recordar que en el marco del Sistema de Naciones Unidas y del Sistema Interamericano, México forma parte de 42 instrumentos de protección de los derechos humanos, la Secretaría de Relaciones Exteriores reiteró la disposición de su gobierno para avanzar conjuntamente en la promoción y defensa de los derechos de todo ser humano.

Por su parte, el Secretario General de la OEA, César Gaviria, dijo que el "trascendental" paso dado hoy por México es parte del enorme esfuerzo de transformación de las instituciones políticas que se está realizando en ese país bajo el mando y la orientación del Presidente Zedillo. "No tenemos dudas que esta será una contribución definitiva a que podamos consolidar en las Américas lo

> *que a todos nos es esencial, esto es, que las bases de un nuevo orden interamericano se fundamenten en el respeto al derecho internacional y al derecho interamericano", agregó.*
>
> *El Presidente de la Comisión Interamericana de Derechos Humanos, Carlos Ayala Corao, también saludó la decisión mexicana, señalando que representa uno de los aportes más significativos al sistema interamericano de los derechos humanos, precisamente cuando se celebran los cincuenta años de la Convención Americana. "Pasos como éste contribuyen a fortalecer los procesos de profundización democrática en las Américas, puesto que la única forma de hacer prevalecer plenamente nuestras democracias y el estado de derecho es tomando en serio los derechos humanos", enfatizó el Dr. Ayala.*[12]

Con todo lo anterior, debe señalarse que los DESCA cuentan con cimientos firmes desde el punto de vista legal, nacional e internacional, sin embargo, también es preciso denunciar que el hecho de que una ley trate un tema no significa que éste sea susceptible de ser materializado, es decir, que logre su objeto, pues en muchas ocasiones a pesar de la intervención jurisdiccional para ventilar un asunto de violación a derechos humanos, lamentablemente no pasa de ser un tema que quedará solo en el papel, ya que en la práctica en muchas ocasiones no pueden salvaguardarse o repararse los derechos violentados, debido a temas de naturaleza presupuestal que implican la necesaria participación de las ramas ejecutiva y legislativa de un país; de ahí que sea éste el siguiente objetivo, es decir, analizar la intervención del gobierno en su faceta administrativa a efecto de salvaguardar los derechos humanos de su población.[13]

---

12 Organización de Estados Americanos [OEA].México reconoce la competencia de la Corte Interamericana de Derechos Humanos; 2002 http://www.oas.org/OASpage/press2002/sp/A%C3%B1o98/121698.htm Recuperado el 6 de febrero de 2024.

13 Ver Vázquez Avedillo, José Fernando. Justiciabilidad de los Desca: ¿justicia de papel?, en Vázquez Avedillo José Fernando y Bello, Nohemí. Vertientes de la Justiciabilidad en México. Fontamara, México, 2019.

Habiendo dejado en claro lo relativo a los DESCA, se procede a enfocar el estudio en los derechos sociales de forma específica, para lo cual es necesario considerar a Gerardo Pisarello, quien señala que "Habitualmente, los derechos sociales se presentan como expectativas ligadas a la satisfacción de necesidades básicas de las personas en ámbitos como el trabajo, la vivienda, la salud, la alimentación o la educación".[14]

Considerando lo anterior, debe señalarse que los derechos sociales son derechos subjetivos que posibilitan a las personas a desarrollarse en un ámbito de autonomía, igualdad y libertad, en aras de alcanzar una vida digna, razón por lo que normalmente se les liga con grupos vulnerables.

Este esquema protector se encuentra regulado por la Constitución y desde luego -como ya se mencionó- por tratados internacionales cuyo objetivo es velar por aquellos aspectos que hacen viable la vida de las personas bajo la premisa de satisfacer la dignidad de la persona.

Aquí resulta conveniente recordar el perfil social con el que la Constitución mexicana de 1917 fue construida, ya que existía esa idea primigenia de retribuir a las clases sociales menos favorecidas una serie de derechos que posibilitaran una mejoría en sus condiciones de vida. Fue así que con el tiempo, el constitucionalismo mexicano fue avanzando hasta llegar al año 2011, donde se manifestó senda reforma que cambió por completo el paradigma sobre los derechos humanos, pretendiendo hacerlos más accesibles para todas las personas en esa justa idea de reivindicación que durante muchos años, grupos en desventaja estuvieron buscando en aras de lograr un equilibrio justo que diera pauta a un estadio de vida mejor.

---

[14] Pisarello, Gerardo. Los Derechos sociales y sus garantías. Trotta. Madrid. 2007, p. 11.

En ese sentido, pareciera que la reforma constitucional de 2011 vendría a acabar con las injusticias del pasado, sin embargo, apareció en la escena un tema que comenzó a brindar la excusa perfecta para que los gobiernos no cumplieran con sus deberes en aras de garantizar los derechos sociales de la población. Esa excusa a la que se hace referencia es la ligada al tema presupuestal, es decir, que dado que el cumplimiento de los derechos sociales depende de la erogación de recursos públicos suficientes, y ante la falta de los mismos, el gobierno terminaba con una frase acuñada hace algunos años por los barzonistas: "debo no niego, pago, no tengo", y con ello se vivía el ya muy conocido episodio de no cumplir con esos deberes de actuación a los que esta sometida una autoridad en virtud no solo de lo dispuesto por la ley local, sino también por disposiciones de carácter internacional que resultan totalmente obligatorias para el estado mexicano en atención a lo señalado por el artículo 133 constitucional.

Y en este punto del camino se llega a hablar de que no existen medios para hacer cumplir al gobierno con sus obligaciones y entonces salta a la escena el tema del garantismo ferrajoliano[15], sin embargo, el problema de fondo no es la falta de medios jurídicos que hagan viable el acceso a la justicia para las personas que se enfrentan al embate de acciones u omisiones gubernamentales

---

[15] El garantismo es una ideología jurídica, es decir, una forma de representar, comprender, interpretar y explicar el derecho. Su difusión se debe, sobre todo, a la obra de Luigi Ferrajoli, quien a partir de 1989 ha construido una completa y muy estructurada teoría del garantismo penal. En sus trabajos posteriores a esa fecha, Ferrajoli ha ampliado su teoría para conformar una especie de teoría general del garantismo, la cual ha vinculado estrechamente con la teoría del Estado constitucional –desde el punto de vista normativo– y con el llamado neoconstitucionalismo –desde el punto de vista teórico–. Ver Carbonell, Miguel, ¿Qué es el garantismo? *Una nota muy breve,* 2009. Recuperado de: http://www.miguelcarbonell.com/docencia/Qu_es_el_garantismo_Una_nota_muy_breve_printer.shtml

que dan por resultado la violación de un derecho humano; el gran asunto tiene que ver con la efectividad que esos medios jurídicos tengan para lograr la consecución del derecho reclamado.

En este sentido, Luigi Ferrajoli, citando a Norberto Bobbio señala la existencia de "el enunciado constitucional de los derechos de los ciudadanos a prestaciones positivas por parte del Estado, sin embargo, no se ha visto acompañado por la elaboración de garantías sociales o positivas adecuadas, es decir, por técnicas de defensa y de protección jurisdiccional parangonables a las previstas por las garantías liberales para la tutela de los derechos de libertad."[16]

Pareciera que Ferrajoli tuviera una visión limitada sobre el tema del garantismo y se afirma esto debido a que a veces no basta con la existencia de garantías o medios de acceso a la jurisdicción, sino que éstos sean verdaderamente efectivos, circunstancia que lleva a hablar de la justiciabilidad de los derechos humanos.

Algunas fuentes hablan de la falta de acceso a la justiciabilidad de los derechos humanos y en particular de los derechos sociales, sin embargo, es menester señalar que al menos en México, se cuenta con medios a través de los cuales es posible llevar un reclamo de esta naturaleza ante los tribunales no solo en el ámbito nacional, sino también en el internacional. En este sentido, en el nacional se cuenta con una garantía por excelencia en el sistema jurídico mexicano y esta es el juicio de amparo. En el ambito internacional, desde luego la referencia es respecto a la participación de la Corte Interamericana de Derechos Humanos, cuya jurisdicción ha sido reconocida por México.

En realidad, el problema no es la inexistencia de medios jurídicos para llevar un caso de violación de derechos sociales ante una autoridad competente, con la intención de que sea obligada a cumplir en los términos que la legislación exige; el verdadero

---

16 Ferrajoli, Luigi, Derecho y Razón.,Teoría del garantismo penal, Madrid,Trotta, 1995, p. 863.

problema al que se enfrentan las autoridades jurisdiccionales y desde luego los peticionarios de justicia es ante el hecho de que a pesar de existir una sentencia firme y protectora de derechos humanos, estos no puedan hacerse realidad; entonces, el verdadero problema es hacer efectivos esos derechos, es decir, que se vuelvan una realidad para las personas que han sido vulneradas.

Este tema de la justiciabilidad de los derechos sociales pretende poner como pretexto de un incumplimiento al hecho de señalar como un asunto meramente programático a este tipo de derechos, circunstancia que hoy en día resulta ser una burda salida del gobierno para cumplir con algo que constituye esencialmente su razón de ser, es decir, la satisfacción del bien público.

Si bien es cierto que los derechos sociales implican acciones positivas que requieren de recursos públicos para lograr su cometido, es necesario que las instancias gubernamentales logren trabajar de forma conjunta para lograr tal objetivo, ya que la satisfacción de un derecho no solo es obligación del Poder Ejecutivo de la mano de la administración pública, sino que para que ésta cuente con recursos financieros, es el legislativo el que debe de trabajar en la construcción de una ley de ingresos que permita proveer de recursos al gobierno y un presupuesto de egresos que oriente la distribución de dichos recursos en función de las necesidades prioritarias del desarrollo nacional y no en proyectos faraónicos de carácter sexenal.

Muchos pensarán entonces que los derechos sociales son derechos programáticos, ya que sin el suministro de recursos estos se vuelven inviables. En este sentido, Agustín Gordillo refiere que este tipo de derechos, "… carecen de efectividad real mientras el Estado no instituya los instrumentos legales y administrativos complementarios necesarios para integrarlos en su funcionamiento real."[17]

---

17 Gordillo, Agustín. Derechos Humanos. 6ª ed., Fundación de Derecho Administrativo, Buenos aires, 2007, p.1, Recuperado de https://www.gordillo.com/DH6/capIX.pdf

Tal y como lo señala el jurista argentino, un derecho programático por si solo es insuficiente, pero hoy los derechos sociales no pueden ser considerados de esta manera que solo da pauta a establecer pretextos para el incumplimiento.

El gran asunto es como lo señala el propio Ferrajoli en el sentido de que "La tradición jurídica liberal, poco interesada por la tutela de los derechos sociales, nunca ha elaborado en el plano teórico un garantísmo social parangonable al garantísmo liberal dispuesto para los derechos de propiedad y de libertad."[18]

Hoy los derechos sociales y en general los derechos humanos deben de ser garantizados plenamente porque lo que esta en juego es la dignidad de las personas; es esa idea del mínimo vital que resulta irreductible y que por tanto la mirada y el actuar gubernamental deben de estar orientados hacia su pleno cumplimiento, para lo cual deben elaborar mecanismos efectivos para el respeto, protección, garantía y promoción de los derechos sociales.

La idea del mínimo vital se refiere al aseguramiento de condiciones suficientes para garantizar a la persona un mejor estadio de vida, donde el gobierno debe remover obstáculos fácticos y/o legales. En este orden de ideas, el derecho al mínimo vital debe considerarse un derecho fundamental que protege la vida misma de las personas, garantizandoles un conjunto de condiciones materiales que lo posibiliten, razón por la que se requiere el pleno desarrollo de otros derechos de diversa índole que hagan posible ese cimiento donde la vida de una persona arranque, cimiento que debe ser común a todos, de manera que a partir de ahí, todas las personas tengan la posibilidad de crecer a diferentes ritmos y alcanzar diferentes estadios de vida.

---

18 Abramovich, Víctor y Christian Courtis. Los derechos sociales como derechos exigibles. Trotta. Madrid.2014. p. 14.

Es así que el Cuarto Tribunal Colegiado en Materia Administrativa del Primer Circuito, dio pauta a la siguiente tesis aislada que ofrece el concepto y alcances del derecho al mínimo vital.

> ***DERECHO AL MÍNIMO VITAL. CONCEPTO, ALCANCES E INTERPRETACIÓN POR EL JUZGADOR.*** *En el orden constitucional mexicano, el derecho al "mínimo vital" o "mínimo existencial", el cual ha sido concebido como un derecho fundamental que se apoya en los principios del Estado social de derecho, dignidad humana, solidaridad y protección de ciertos bienes constitucionales, cobra vigencia a partir de la interpretación sistemática de los derechos fundamentales consagrados en la Constitución Política de los Estados Unidos Mexicanos, particularmente en sus artículos 1o., 3o., 4o., 13, 25, 27, 31, fracción IV, y 123; aunado al Pacto Internacional de Derechos Económicos, Sociales y Culturales, y el Protocolo Adicional a la Convención Americana sobre Derechos Humanos en Materia de Derechos Económicos, Sociales y Culturales "Protocolo de San Salvador", suscritos por México y constitutivos del bloque de constitucionalidad, y conformados por la satisfacción y protección de diversas prerrogativas que, en su conjunto o unidad, forman la base o punto de partida desde la cual el individuo cuenta con las condiciones mínimas para desarrollar un plan de vida autónomo y de participación activa en la vida democrática del Estado (educación, vivienda, salud, salario digno, seguridad social, medio ambiente, etcétera.), por lo que se erige como un presupuesto del Estado democrático de derecho, pues si se carece de este mínimo básico, las coordenadas centrales del orden constitucional carecen de sentido. Al respecto, el Comité de Derechos Económicos, Sociales y Culturales de la Organización de las Naciones Unidas, en la Observación General No. 3 de 1990, ha establecido: "la obligación mínima generalmente es determinada al observar las necesidades del grupo más vulnerable que tiene derecho a la protección del derecho en cuestión.". Así, la intersección entre la potestad estatal y el entramado de derechos y libertades fundamentales, en su connotación de interdependientes e indivisibles, fija la determinación de un mínimo de subsistencia digna y autónoma constitucionalmente protegida, que es el universal para sujetos de la misma clase y con expectativas de progresividad en lo concerniente a prestaciones. En este orden de ideas, este parámetro constituye el derecho al mínimo vital, el cual coincide con las competencias, condiciones básicas y prestaciones sociales necesarias para*

> *que la persona pueda llevar una vida libre del temor y de las cargas de la miseria o de necesidades insatisfechas que limiten sus libertades, de tal manera que este derecho abarca todas las medidas positivas o negativas necesarias para evitar que la persona se vea inconstitucionalmente reducida en su valor intrínseco como ser humano, por no contar con las condiciones materiales que le permitan llevar una existencia digna. Aunado a lo anterior, el mínimo vital es un concepto jurídico indeterminado que exige confrontar la realidad con los valores y fines de los derechos sociales, siendo necesario realizar una evaluación de las circunstancias de cada caso concreto, pues a partir de tales elementos, es que su contenido se ve definido, al ser contextualizado con los hechos del caso; por consiguiente, al igual que todos los conceptos jurídicos indeterminados, requiere ser interpretado por el juzgador, tomando en consideración los elementos necesarios para su aplicación adecuada a casos particulares, por lo que debe estimarse que el concepto no se reduce a una perspectiva cuantitativa, sino que por el contrario, es cualitativa, toda vez que su contenido va en función de las condiciones particulares de cada persona, de esta manera cada gobernado tiene un mínimo vital diferente; esto es, el análisis de este derecho implica determinar, de manera casuística, en qué medida se vulnera por carecer de recursos materiales bajo las condiciones propias del caso.*[19]

Como puede darse cuenta el lector, el mínimo vital implica la realización de un conjunto de medidas por parte del gobierno a efecto de garantizar la existencia y desarrollo de la persona, circunstancia que ya aparece desde la Declaración Universal de los Derechos Humanos al reconocerse el derecho de toda persona a un nivel de vida adecuado para asegurarle salud y bienestar, representados a través de la alimentación, el vestido, la vivienda, la

---

19 Poder Judicial de la Federación. Tesis: I.4o.A.12 K (10a.), Décima Época, sustentada por el Cuarto Tribunal Colegiado en Materia Administrativa del Primer Circuito, visible en el Libro XVII, Febrero de 2013, Tomo 2, página 1345 del Semanario Judicial de la Federación y su Gaceta; Registro digital: 2002743.

asistencia médica y los servicios sociales necesarios[20]; En el mismo sentido, el Pacto Internacional de Derechos Económicos, Sociales y Culturales tambien se refiere a estas ideas a efecto de garantizar condiciones de existencia dignas para todas las personas.[21]

En este punto del camino y una vez que ha quedado establecido que el derecho al agua no es un simple derecho aspiracional y tampoco es un mero derecho programático, puede afirmarse con toda puntualidad que el derecho al agua es un derecho social de primer orden que debe ser atendido por el gobierno y desde luego por todas las personas, puesto que debemos recordar que los particulares, en el desarrollo de sus actividades pueden desplegar actos violatorios de derechos humanos, que afortunadamente pueden ser reclamados mediante la vía de amparo al considerarseles como actos de autoridad.

Hoy no puede negarse que generar la infraestructura necesaria para llevar agua a todas las personas representa la necesidad de grandes inversiones, pero eso solo debe ser uno de los aspectos que debe considerar el gobierno, ya que en aras de alcanzar el pleno cumplimiento del derecho al agua, tiene que desplegar muchas otras actividades en torno al tema, donde se sensibilice a toda la población en lo que podemos denominar como la cultura del agua, rubro que no ha sido apuntalado debidamente.

Una de las cosas que el sistema educativo nacional debería de fortalecer es la cultura del agua con una perspectiva de sustentabilidad, a efecto de que las nuevas generaciones de mexicanos comprendan la trascendencia del derecho al agua y coadyuven en el cuidado del vital líquido, no solo pensando en el uso y consumo

---

20 Declaración Universal de los Derechos Humanos. Artículo 25.1. 2024. Recuperado de https://www.un.org/es/documents/udhr/UDHR_booklet_SP_web.pdf

21 Pacto Internacional de Derechos Económicos, Sociales y Culturales. 2024. Recuperado de https://www.ohchr.org/sp/professionalinterest/pages/cescr.aspx

actual sino teniendo amplitud de miras para garantizar este elemento fundamental a las futuras generaciones y con ello posibilitar un estadio de vida digno, el cual se vería seriamente comprometido ante la ausencia del agua y la imposibilidad de acceder a ella.

Resulta pertinente remembrar las obligaciones básicas que a juicio del Comité del Pidesc deben cumplir los estados miembros, circunstancia que ya ha sido tomada en consideración a través de diversas tesis aisladas sostenidas por Tribunales Colegiados de Circuito y que debieran de incidir en el diario quehacer gubernamental.

> *a) Garantizar el acceso a la cantidad esencial mínima de agua que sea suficiente y apta para el uso personal y doméstico y prevenir las enfermedades;*
>
> *b) Asegurar el derecho de acceso al agua y las instalaciones y servicios de agua sobre una base no discriminatoria, en especial a los grupos vulnerables o marginados;*
>
> *c) Garantizar el acceso físico a instalaciones o servicios de agua que proporcionen un suministro suficiente y regular de agua salubre; que tengan un número suficiente de salidas de agua para evitar unos tiempos de espera prohibitivos; y que se encuentren a una distancia razonable del hogar;*
>
> *d) Velar por que no se vea amenazada la seguridad personal cuando las personas tengan que acudir a obtener el agua;*
>
> *e) Velar por una distribución equitativa de todas las instalaciones y servicios de agua disponibles;*
>
> *f) Adoptar y aplicar una estrategia y un plan de acción nacionales sobre el agua para toda la población; la estrategia y el plan de acción deberán ser elaborados y periódicamente revisados en base a un proceso participativo y transparente; deberán prever métodos, como el establecimiento de indicadores y niveles de referencia que permitan seguir de cerca los progresos realizados; el proceso mediante el cual se conciban la estrategia y el plan de acción, así como el contenido de ambos, deberán prestar especial atención a todos los grupos vulnerables o marginados;*

g) Vigilar el grado de realización, o no realización, del derecho al agua;

h) Poner en marcha programas de agua destinados a sectores concretos y de costo relativamente bajo para proteger a los grupos vulnerables y marginados;

i) Adoptar medidas para prevenir, tratar y controlar las enfermedades asociadas al agua, en particular velando por el acceso a unos servicios de saneamiento adecuados.[22]

Si bien, estas obligaciones básicas de los estados miembros del Pidesc pertenecen al rubro del soft law[23], resulta ser una pauta interpretativa que con su reiteración, permite potencializar el efecto de un juicio de amparo y con ello lograr el pleno cumplimiento del derecho al agua.

El reto que hoy tiene el gobierno mexicano es enorme, ya que de acuerdo con el censo de población y vivienda 2020, la población en México alcanzó la cantidad de 126´014,024 habitantes[24], existiendo 35´219,141 de viviendas habitadas[25], de las

---

22 Ver CESCR Observación general N° 15: El derecho al agua (artículos 11 y 12 del Pacto Internacional de Derechos Económicos, Sociales y Culturales). Recuperado de https://www.escr-net.org/es/recursos/observacion-general-no-15-derecho-al-agua-articulos-11-y-12-del-pacto-internacional

23 Fenómenos jurídicos caracterizados por carecer de fuerza vinculante aunque posibilitan la generación de efectos jurídicos o al menos con cierta relevancia jurídica de algunas garantías como el juicio de amparo.

24 Inegi. Censo de Población y Vivienda 2020. Población. Recuperado el 10 de febrero de 2024 de https://www.inegi.org.mx/temas/estructura/

25 Inegi. Censo de Población y Vivienda 2020. Viviendas particulares habitadas por entidad federativa, 1990 a 2020. Recuperado el 10 de febrero de 2024 de https://www.inegi.org.mx/app/tabulados/interactivos/?pxq=Vivienda_Vivienda_01_4de68d98-e773-43eb-bea7-d239ce35524a

cuales solo 27´277,862 cuentan con agua entubada[26], existiendo entonces un déficit de atención de 7´941,279 viviendas sin agua entubada, lo que implicaría que a razón de 3.6 habitantes por vivienda[27], poco mas de 28 millones de personas en el país carecen del vital liquido a través de esta vía, y por tanto se ven vulnerados en sus derechos humanos.

V. CONCLUSIONES

El agua, por ser un elemento fundamental para la vida de las personas, da pauta a que su acceso, disposición y saneamiento, se constituya como un derecho humano de primer orden, pues además de lo anterior, contribuye significativamente a mejorar la salud pública y propicia el desarrollo de otras actividades primordiales como son el tema agrícola, ganadero, industrial y comercial.

El derecho al agua esta más allá de una mera aspiración, pues por sus características surge como un derecho social, que si bien es cierto requiere del trabajo conjunto de muchas instancias gubernamentales, no hay pretexto que valga para negarlo, pues contraviene el sentido de dar satisfacción a una vida digna.

Ciertamente el derecho al agua se constituye como todo un reto para el gobierno, sin embargo, éste no puede pretextar su incumplimiento en la falta de recursos económicos y es entonces

---

26 Inegi. Censo de Población y Vivienda 2020. Viviendas particulares habitadas por entidad federativa según disponibilidad de servicios, 2000 a 2020. Recuperado el 10 de febrero de 2024 de https://www.inegi.org.mx/app/tabulados/interactivos/?pxq=Vivienda_Vivienda_04_1fb94584-4816-4435-a1b7-4689b8d2ee81

27 Inegi. Censo de Población y Vivienda 2020. Promedio de ocupantes en viviendas particulares habitadas por entidad federativa, 1995 a 2020. Recuperado el 10 de febrero de 2024 de https://www.inegi.org.mx/app/tabulados/interactivos/?pxq=Vivienda_Vivienda_02_ada7bd46-f22e-4a3f-83a4-2a66d45baf66

cuando la planeación financiera debe de retomar los más altos intereses de la nación, entre los que se encuentra este derecho.

En México, la violación a un derecho humano se encuentra protegida con mecanismos jurisdiccionales, destacándose por su importancia el juicio de amparo; en este sentido, el solo acceso a la jurisdicción no es garantía de cumplimiento y por ello se requiere del trabajo conjunto del gobierno en su totalidad para cumplir con el derecho en comento y muchos otros que requieren de la misma fórmula.

Hoy más que nunca, sociedad y gobierno tienen que coordinar acciones en la búsqueda incansable por alcanzar mejores estadios de vida para la población.

VI. REFERENCIAS

Abramovich, Víctor y Christian Courtis. Los derechos sociales como derechos exigibles. Trotta. Madrid. 2014.

Aguilar Cavallo, Gonzalo. ¿Son los Derechos Sociales sólo aspiraciones?: Perspectivas de la Comisión Interamericana de Derechos Humanos. En Fix Fierro et al. Construcción y papel de los derechos sociales fundamentales. Instituto de Investigaciones Jurídicas de la UNAM. México. 2011. https://archivos.juridicas.unam.mx/www/bjv/libros/7/3063/10.pdf

Bello Gallardo, Nohemí y José Fernando Vázquez Avedillo. Vertientes de la Justiciabilidad en México. Fontamara, México, 2019.

Carbonell, Miguel, ¿Qué es el garantismo? Una nota muy breve, 2009. http://www.miguelcarbonell.com/docencia/Qu_es_el_garantismo_Una_nota_muy_breve_printer.shtml

CESCR Observación general Nº 6 (General Comments). https://www.acnur.org/fileadmin/Documentos/BDL/2005/3592.pdf?view=1

CESCR Observación general Nº 15: El derecho al agua (artículos 11 y 12 del Pacto Internacional de Derechos Económicos, Sociales y Culturales). https://www.escr-net.org/es/recursos/observacion-general-no-15-derecho-al-agua-articulos-11-y-12-del-pacto-internacional

Constitución Política de los Estados Unidos Mexicanos. 2024. http://www.diputados.gob.mx/LeyesBiblio/pdf/1_241220.pdf

Declaración Universal de los Derechos Humanos. 2024. https://www.un.org/es/documents/udhr/UDHR_booklet_SP_web.pdf

Ferrajoli, Luigi, Derecho y Razón.,Teoría del garantismo penal, Madrid,Trotta, 1995.

Gordillo, Agustín. Derechos Humanos. 6ª ed., Fundación de Derecho Administrativo, Buenos aires, 2007, https://www.gordillo.com/DH6/capIX.pdf

Holmes, Stephen y Cass Sustein. El costo de los derechos. Siglo XXI editores, Buenos Aires, 2011.

Inegi. Censo de Población y Vivienda 2020. https://censo2020.mx/

Organización de Estados Americanos [OEA]. México reconoce la competencia de la Corte Interamericana de Derechos Humanos; 2002. http://www.oas.org/OASpage/press2002/sp/A%C3%B1o98/121698.htm

Organización Mundial de la Salud. Miles de millones de personas se quedarán sin acceso a servicios de agua potable, saneamiento e higiene antes de 2030 a menos que el progreso se multiplique por cuatro, advierten la OMS y UNICEF. Ginebra y Nueva York. 2024. https://www.who.int/es/news/item/01-07-2021-billions-of-people-will-lack-access-to-safe-water-sanitation-and-hygiene-in-2030-unless-progress-quadruples-warn-who-unicef

Pacto Internacional de Derechos Económicos, Sociales y Culturales. 2024. https://www.ohchr.org/sp/professionalinterest/pages/cescr.aspx

PF-PIDESC COLOMBIA. ¿Qué son los Desca? 2019. http://protocolofacultativo.blogspot.com/2013/10/que-son-los-desca.html

Pisarello, Gerardo. Los Derechos sociales y sus garantías. Trotta. Madrid. 2007.

Poder Judicial de la Federación. Semanario Judicial de la Federación y su Gaceta; Sistematización de Tesis y Ejecutorias Publicadas en el Semanario Judicial de la Federación de 1917 a la fecha. 2024.

Rojas, Mildred. Amnistía Internacional. El agua y los derechos económicos, sociales y culturales. 2017. https://www.amnistia.org/ve/blog/2017/10/3976/el-agua-y-los-derechos-economicos-sociales-y-culturales

El principio de progresividad y su aplicación en el ámbito aduanero

NOHEMÍ BELLO GALLARDO[1]
JOSÉ FERNANDO VÁZQUEZ AVEDILLO[2]

SUMARIO: I .INTRODUCCIÓN. II. LA RELACIÓN ENTRE LOS DERECHOS HUMANOS Y LOS DERECHOS ECONÓMICOS, SOCIALES, CULTURALES Y AMBIENTALES. III. EL PRINCIPIO DE PROGRESIVIDAD Y NO REGRESIVIDAD. IV. CONCEPTO DEL DERECHO ECONÓMICO Y LA PROGRESIVIDAD. VI. APLICACIÓN DEL PRINCIPIO DE PROGRESIVIDAD EN EL DERECHO ADUANERO. VII. CONCLUSIONES. VIII. REFERENCIAS.

---

1 Doctora en Derecho Público por la Universidad Veracruzana bajo el Programa Posgrado de calidad (CONAHCYT). Docente de tiempo completo en la Facultad de Derecho de la Universidad Autónoma de Querétaro, miembro del Sistema Nacional de Investigadores desde el año 2009, integrante del Núcleo Básico de los Programas Integrados de Maestría y Doctorado en Ciencias Jurídicas, perfil PROMEP. Representante del Cuerpo Académico Consolidado 128 "Derechos Humanos y Globalización", nohemi.bello@uaq.mx. ORDCID https://orcid.org/0000-0002-6916-7816 Web of Science Researcher I:B-5097-2018

2 Doctor en Derecho. Profesor Investigador de tiempo completo e integrante del Cuerpo Académico Consolidado "Derechos Humanos y Globalización", del Facultad de Derecho de la Universidad Autónoma de Querétaro. Perfil Deseable Prodep, Miembro del Sistema Nacional de Investigadores, nivel I. Miembro de la Asociación Mexicana de Derecho Administrativo. https://orcid.org/0000-0002-2522-142X

RESUMEN: En la presente investigación abordaremos la importancia del principio de progresividad dentro del derecho aduanero y cómo éste se encuentra relacionado con los Derechos Económicos, Sociales, Culturales y Ambientales. Para lo anterior se abordan diversos apartados como los derechos humanos, los derechos económicos, sociales, culturales, ambientales y su necesaria empatía con el principio de progresividad; para en últimas líneas analizar algunos ejemplos en procedimientos aduaneros a fin de evidenciar o no la presencia de la sujeción de distintas autoridades aduaneras al acatamiento y respeto al principio de progresividad estipulado en el artículo 1ro. de la Constitución Política de los Estados Unidos Mexicanos. Dados los objetivos señalados, la naturaleza del método es deductivo al partir de elementos generales a particulares que inducen la utilización de una técnica de investigación eminentemente documental.

PALABRAS CLAVE: Derecho económico, principio de progresividad, derecho aduanero, progresividad arancelaria.

I. INTRODUCCIÓN

Entendemos al principio de progresividad como un instrumento esencial que se encuentra presente como un derecho humano, concebido y relacionado con los Derechos Económicos, Sociales, Culturales y Ambientales (DESCA). Una manifestación del principio de progresividad está establecido en el apartado II, artículo 2, primer punto del Pacto Internacional de Derechos Económicos, Sociales y Culturales (PIDESC), por el que se obliga a los Estados a adoptar medidas, hasta disponer del máximo de sus recursos disponibles tanto en lo individual como en lo colectivo para lograr progresivamente la plena efectividad de estos derechos, del cual no se espera que la realización sea inmediata sino que con un compromiso continuo y sostenido se logre dar mejoras en las condiciones de vida de las personas de manera gradual. Es así que se destaca la importancia que tiene el principio de progresividad como un derecho económico en el ámbito aduanero, en donde éste último regula las actividades de entrada y salida de mercancías, siendo una actividad crucial en la economía de un país y, por ende, es importante la aplicación del principio de progresividad en este ámbito debido a que implica una serie de enfoques y estrategias que contribuyen a la promoción y protección de los derechos humanos mediante una administración aduanera eficiente y justa, aun cuando el desafío radique en equilibrar las políticas aduaneras con los objetivos de desarrollo sostenible y derechos humanos, garantizando que las acciones en el ámbito aduanero contribuyan positivamente a la realización progresiva de los derechos económicos, sociales, culturales y ambientales.

II. LA RELACIÓN ENTRE LOS DERECHOS HUMANOS Y LOS DERECHOS ECONÓMICOS, SOCIALES, CULTURALES Y AMBIENTALES

En la aplicación del principio de progresividad, será importante la observancia a los cambios o mejoras que deban implementarse de manera secuencial, partiendo desde los Derechos Económicos, Sociales, Culturales y Ambientales (DESCA), sin dejar de observar a los ordenamientos jurídicos que le sean aplicables. Es así como se irá teniendo un avance secuencial y de forma progresiva hacia metas superiores a las que, de primer momento se hayan puesto como principal objetivo, y este enfoque gradual dará pauta a los cambios, minimizando los riesgos y maximizando los beneficios a todos los involucrados.

A su vez, una noción primigenia y natural de los Derechos Humanos, la establece las Naciones Unidas, es a saber:

> *Los derechos humanos son los derechos que tenemos básicamente por existir como seres humanos; no están garantizados por ningún estado. Estos derechos universales son inherentes a todos nosotros, con independencia de la nacionalidad, género, origen étnico o nacional, color, religión, idioma o cualquier otra condición. Varían desde los más fundamentales —el derecho a la vida— hasta los*

> *que dan valor a nuestra vida, como los derechos a la alimentación, a la educación, al trabajo, a la salud y a la libertad.*[3]

Por otra parte, es trascendental mencionar también la importante conceptualización que da la Suprema Corte de Justicia de la Nación (SCJN), por ello tenemos que los derechos humanos son el:

> *Conjunto de bienes indispensables que posibilitan la elección y materialización de los planes de vida que se proponen las personas; aquellos que, en esencia, nos permiten vivir con dignidad y desarrollarnos integralmente. Son reconocidos y protegidos por el derecho y todas las personas, por el hecho mismo de existir. Su garantía está a cargo del Estado, que es a quien se debe exigir su cumplimiento.* [4]

Misma que también está establecida en el artículo primero constitucional, párrafo tercero adicionado el 06 de junio de 2011, que a la letra dice: "*...garantizar los derechos humanos de conformidad con los principios de universalidad, interdependencia, indivisibilidad y progresividad. En consecuencia, el Estado deberá prevenir, investigar, sancionar y reparar las violaciones a los derechos humanos, en los términos que establezca la ley...*"[5]

Esta definición entrelaza los principios que se señalan en la Constitución Política de los Estado Unidos Mexicanos (CPEUM), al grado que no pueden ser considerados como entes aislados, sino como ejes rectores fundamentales que funcionan en conjunto. Paradigma importante para México porque a partir del año 2011, se presentó un nuevo escenario constitucional en materia de Derechos Humanos, a efecto de impactar de manera positiva

---

3 Naciones Unidas. *¿Qué son los derechos humanos?*, consultado el 20 de septiembre de 2024, disponible en https://www.ohchr.org/es/what-are-human-rights

4 Suprema Corte de Justicia de la Nación. *Los Derechos Humanos y la SCJN*, consultado el 09 de mayo de 2024, disponible en https://www.scjn.gob.mx/derechos-humanos/los-derechoshumanos-y-la-SCJN

5 Constitución Política de los Estados Unidos Mexicanos,(2024). Consultado el 22 de marzo de 2024, disponible en https://www.diputados.gob.mx/LeyesBiblio/pdf/CPEUM.pdf

en la vida de las personas respecto del reconocimiento a su dignidad e incentivar la mayor protección posible en sus derechos.

Este paradigma se presenta a partir de la reforma constitucional que es publicada en el Diario Oficial de la Federación el 10 de junio de 2011 en donde se señala la obligación de las autoridades de promover, proteger, respetar y garantizar los Derechos Humanos, entre ellos, los económicos, sociales, culturales y ambientales, además de reafirmar el reconocimiento de los Derechos Humanos previstos en nuestra Constitución como en los tratados de los que el Estado mexicano es parte.[6] Los Derechos económicos, sociales, culturales y ambientales (DESCA), también se identifican como aquellos derechos que se relacionan con la satisfacción de necesidades básicas de las personas, que comprenden distintos Derechos Humanos, entre ellos: "un nivel de vida adecuada, la alimentación, la salud, al agua, al saneamiento, al trabajo, a la seguridad social, a una vivienda digna y decorosa, a la educación, a la cultura, así como al medio ambiente sano"[7], entendido lo anterior desde la perspectiva del principio de progresividad y no regresividad.

III. EL PRINCIPIO DE PROGRESIVIDAD Y NO REGRESIVIDAD

El principio de progresividad en los derechos humanos implica el gradual progreso para lograr su pleno cumplimiento, es decir,

---

6 Zaldívar Arturo,(2021), *Reforma Constitucional en Materia de Derechos Humanos. 10 de junio*, Comisión Nacional de los Derechos Humanos, consultado el 20 de septiembre de 2024, disponible en https://www.cndh.org.mx/index.php/noticia/reforma-constitucional-en-materia-de-derechos-humanos-10-de-junio

7 Comisión Nacional de los Derechos Humanos, *Diagnóstico con relación a los Derechos Económicos, Sociales, Culturales y Ambientales (DESCA)*, consultado el 17 de junio de 2024, disponible en https://informe.cndh.org.mx/menu.aspx?id=80072

que para la realización de ciertos derechos se requiera la toma de medidas a corto, mediano y largo plazo y proceder de manera expedita y eficaz. Es por ello que el principio de progresividad se ha relacionado particularmente con los derechos económicos, sociales, culturales y ambientales, pero también es aplicable para los derechos civiles y políticos, procurando su satisfacción en cada momento.

Es así como este principio se entiende en forma estrecha con la prohibición de retrocesos o marchas atrás injustificadas a los niveles de cumplimiento alcanzados, la "no regresividad" en la protección y garantía de derechos humanos.[8]

Por su naturaleza, los derechos humanos se componen de diversos principios que rigen su enfoque teórico y de aplicación, éstos se encuentran estrechamente vinculados entre sí, de manera que su aproximación debe ser como un conjunto indivisible. El Principio de Progresividad de acuerdo con Abramovich y Courtis, se encuentra integrado por dos conceptos principales, los cuales define como "gradualidad y progreso." El primero es una referencia a que la efectividad de los derechos no va a lograrse de un momento a otro, de manera indefinida, sino que es un proceso de mejora constante que implica trazar metas viables a corto, mediano y largo plazo. El segundo hace referencia a que el disfrute y garantía de derechos siempre debe mejorar. [9]

La obligación de progresividad y no regresividad se refiere fundamentalmente a la obligación de los Estados de ir avanzando en la cobertura de los derechos sociales prestacionales, de manera siem-

---

8 Comisión Nacional de los Derechos Humanos. (2016), *Los principios de universalidad, interdependencia, indivisibilidad y progresividad de los derechos humanos,* consultado el 20 de septiembre de 2024, disponible en https://www.cndh.org.mx/sites/all/doc/cartillas/2015-2016/34-Principios-universalidad.pdf

9 Becerra Ramírez, José De Jesús. (2023), *Principio de Progresividad. Derecho global. Estudios sobre derecho y justicia,* consultado el 22 de enero de 2024, disponible en https://doi.org/10.32870/dgedj.v9i25.595

pre incremental y sin posibilidad de derogar los logros alcanzados.[10] En el aspecto de la "no regresividad", es decir, la obligatoriedad constitucional del Principio de Progresividad tiene intrínsecamente vinculada la obligación de no aplicar medidas regresivas por parte de cualquier autoridad. De igual manera, históricamente se ha hecho uso de la interpretación que concibe el Principio de Progresividad como un enfoque exclusivo de los derechos económicos, sociales, culturales y ambientales (DESCA), lo cual permite excluir cuestiones de seguridad y orden público. Debido a lo anterior, la Suprema Corte de Justicia de la Nación (SCJN), emitió la Tesis: 1a./J. 87/2017 (10a.), mediante el cual establece que el Principio de Progresividad y de no adopción de medidas regresivas no es absoluto, puesto que puede admitir éstas últimas si se justifican plenamente y pasan un escrutinio estricto, como se menciona a continuación:

> ***Decima Época, Instancia: Primera Sala, Tesis: 1a./J. 87/2017 (10a.), Fuente: Semanario Judicial de la Federación y su Gaceta, Tomo I, página 188, Octubre del 2017, Registro Digital: 2015304. PRINCIPIO DE PROGRESIVIDAD DE LOS DERECHOS HUMANOS. LA PROHIBICIÓN QUE TIENEN LAS AUTORIDADES DEL ESTADO MEXICANO DE ADOPTAR MEDIDAS REGRESIVAS NO ES ABSOLUTA, PUES EXCEPCIONALMENTE ÉSTAS SON ADMISIBLES SI SE JUSTIFICAN PLENAMENTE.***
>
> *El principio referido impone al Estado, entre otras cuestiones, la prohibición de regresividad, la cual no es absoluta y puede haber circunstancias que justifiquen una regresión en cuanto al alcance y tutela de un determinado derecho fundamental. Sin embargo, dichas circunstancias están sujetas a un escrutinio estricto, pues implican la restricción de un derecho humano. En este sentido, corresponde a la autoridad que pretende realizar una medida regresiva (legislativa, administrativa o, incluso, judicial) para justificar plenamente esa decisión. En efecto, en virtud de que el artículo* 1o. de la Constitución Política de los Estados Unidos Mexicanos *impone a todas las autoridades del Estado Mexicano la obligación de respetar el principio*

---

10 Poyanco Bugueño Rodrigo Andrés, (2017), "*Derechos sociales y políticas públicas. El principio de progresividad*", págs 327-349, consultado el 06 de mayo de 2024, disponible en: https://www.corteidh.or.cr/tablas/r37891.pdf

de progresividad, cuando cualquier autoridad, en el ámbito de su competencia, adopta una medida regresiva en perjuicio de un derecho humano y alega para justificar su actuación, por ejemplo, la falta de recursos, en ella recae la carga de probar fehacientemente esa situación, es decir, no sólo la carencia de recursos, sino que realizó todos los esfuerzos posibles para utilizar los recursos a su disposición, en el entendido de que las acciones y omisiones que impliquen regresión en el alcance y la tutela de un derecho humano sólo pueden justificarse si: a) se acredita la falta de recursos; b) se demuestra que se realizaron todos los esfuerzos necesarios para obtenerlos, sin éxito; y, c) se demuestra que se aplicó el máximo de los recursos o que los recursos de que se disponía se aplicaron a tutelar otro derecho humano (y no cualquier objetivo social), y que la importancia relativa de satisfacerlo prioritariamente, era mayor. Esto es, si bien es cierto que las autoridades legislativas y administrativas tienen, en ciertos ámbitos, un holgado margen de actuación para diseñar políticas públicas, determinar su prioridad relativa y asignar recursos, también lo es que dicha libertad se restringe significativamente cuando está en juego la garantía de los diversos derechos humanos reconocidos por nuestro sistema jurídico, ya que éstos, en tanto normas que expresan el reconocimiento de principios de justicia de la máxima importancia moral, tienen prioridad prima facie frente a cualquier otro objetivo social o colectivo, pues en una sociedad liberal y democrática, estos últimos tienen solamente valor instrumental y no final, como los derechos humanos.[11]

Al interpretar al Máximo Tribunal se advierte que es posible discernir el principio de no regresividad dentro del principio de progresividad, a efecto de que el actuar de las autoridades realmente sea justificado tal como lo establece nuestra Constitución Política de los Estados Unidos Mexicanos en su artículo 29 párrafo primero, tercero

---

[11] No. de Registro 2015304, PRINCIPIO DE PROGRESIVIDAD DE LOS DERECHOS HUMANOS. LA PROHIBICIÓN QUE TIENEN LAS AUTORIDADES DEL ESTADO MEXICANO DE ADOPTAR MEDIDAS REGRESIVAS NO ES ABSOLUTA, PUES EXCEPCIONALMENTE ÉSTAS SON ADMISIBLES SI SE JUSTIFICAN PLENAMENTE, [TA],10ma.Época; Primera Sala,S.J.F, Gaceta del Semanario Judicial de la Federación. Libro 47, Octubre de 2017, Tomo I, página 188, consultado en 23 de septiembre de 2024, disponible en https://sjf2.scjn.gob.mx/detalle/tesis/2015304

y cuarto, los cuales nos hacen mención que *"solamente el Presidente de los Estados Unidos Mexicanos, con la aprobación del Congreso de la Unión o de la Comisión Permanente cuando aquel no estuviere reunido, podrá restringir o suspender en todo el país o en lugar determinado el ejercicio de los derechos y las garantías que fuesen obstáculo para hacer frente, rápida y fácilmente a la situación; pero deberá hacerlo por un tiempo limitado, por medio de prevenciones generales y sin que la restricción o suspensión se contraiga a determinada persona"*[12], sin que éste afecte la esfera jurídica de las personas, en el entendido que el actuar de nuestras autoridades únicamente busca salvaguardar la integridad física y la dignidad humana de su población, a través de la toma de decisiones idóneas y razonables.

Es así como, la consagración de los Derechos Económicos, Sociales, Culturales y Ambientales (DESCA), ha sido un largo proceso que aún no culmina; desde la aprobación del Pacto Internacional de Derechos Económicos, Sociales y Culturales (PIDESC) en 1966 por la Asamblea General de la Organización de las Naciones Unidas (ONU), hasta la adopción de la Agenda 2030 para el Desarrollo Sostenible de dicha Organización Internacional en 2015, aún existen importantes retos por atender para hacer de estos derechos una realidad para todas las personas.[13]

Es importante realizar una construcción, de manera complementaria a la importancia del derecho aduanero como pilar fundamental en los Derechos Económicos, Sociales, Culturales y Ambientales, enfocado a ello el principio de progresividad y reconociendo a éste como un derecho económico dotado de cumplir la necesidad de que el desarrollo sea sostenible y sustentable desde la perspectiva ambiental, social y de Derechos Humanos.

---

12 Constitución Política de los Estados Unidos Mexicanos, (2024), consultado el 22 de marzo de 2024, disponible en https://www.diputados.gob.mx/LeyesBiblio/pdf/CPEUM.pdf

13 Comisión Nacional de los Derechos Humanos. Derechos económicos, sociales, culturales y ambientales. CNDH, consultado el 24 de Septiembre de 2024. Disponible en https://informe.cndh.org.mx/menu.aspx?id=50072

Por eso atendiendo a la clasificación del derecho aduanero como un derecho económico, se deberá como primer punto entender qué es un derecho económico, cómo nace y cómo se le dota.

IV. CONCEPTO DEL DERECHO ECONÓMICO Y LA PROGRESIVIDAD

El derecho económico nace con carácter instrumental como una disciplina subordinada a la política económica y destinada a disciplinar los instrumentos y medidas estatales de intervención, dotándolas de coherencia y sanción. Así el derecho económico lo definimos como la rama del derecho conformado por normas jurídicas de diversas jerarquías que disciplinan la política económica de un país en función de objetivos definidos en su carta fundamental y su proyecto político social.[14]

Pero, también tenemos que, en México, el derecho económico se considera una disciplina orientada a lograr a un tiempo determinado, la eficacia económica y la justicia social, manteniendo el régimen de derecho que debe servir para producir más y repartir mejor, con una política de mejor salubridad, educación, habitación y alimentación para la población, reduciendo las desigualdades, armonizando con los objetivos del desarrollo sostenible actuales, y con ello mejorar las condiciones de vida de la población.[15]

Quizás el mayor desafío para el desarrollo en México sea la profunda conexión entre los recursos naturales, los ingresos

---

[14] Witker, Jorge. (1981). "Derecho Económico y planeación en México", en Revista de Investigaciones Jurídicas. México, UNAM. No. 7, págs. 369-370, consultado el 15 de septiembre del 2024, disponible en https://www.eld.edu.mx/Revista-de-Investigaciones-Juridicas/RIJ-7/Capitulos/18-Derecho-economico-y-planeacion-en-Mexico.pdf

[15] Real Academia Española. (2023). Diccionario panhispánico del español jurídico. Consultado el 23 de septiembre de 2024, disponible en https://dpej.rae.es/lema/derecho-económico

del gobierno y la desigualdad económica, es por eso que el estudio de la economía política en México se caracteriza por su dinamismo y productividad, dando paso a que los estudiosos de México, tanto mexicanos como extranjeros, se vayan involucrando en las tendencias y participen regularmente en intercambios intelectuales con académicos de toda América del Norte y son miembros activos de las reuniones profesionales con sus colegas.

Esto ha significado un desarrollo positivo en cuanto a la utilización de métodos estadísticos sofisticados para probar hipótesis, hacer inferencias y generar un proceso acumulativo de creación e intercambio de conocimientos[16], y se pueda inferir, de manera general, a partir de la utilidad que brinda para el adecuado funcionamiento de las instituciones esenciales del sistema económico; o deducir, de forma especial, cuando se reconoce la necesidad de las disposiciones mediante las cuales el poder estatal interviene en los asuntos económicos con el objetivo de alcanzar ciertas metas o propósitos que sean convenientes para la sociedad.

Además, es fundamental tener presente que en materia económica toda clase de organización política, sea capitalista, socialista o mixta, requiere para su funcionamiento armonioso cierto número de normas jurídicas[17] que permitan a los diferentes actores de la vida económica la adquisición y el uso de los factores de imperativo que, para la materialización de la garantía de todos ellos en la praxis, se asegure una adecuada asignación de recursos económicos por parte del Estado.

---

16 Díaz Cayeros Alberto, Razú Aznar Zaira,(2014). "*¿Hacia dónde va la economía política en México?*", Scielo, octubre-diciembre, consultado el 10 de agosto del 2024, disponible en https://www.scielo.org.mx/scielo.php?script=sci_arttext&pid=S2448-718X2014000400783

17 Villa-Orrego Hernán Alberto. (2017). *El derecho económico y su papel como agente vinculante de la sociedad y la naturaleza en la perspectiva de un desarrollo integral*, consultado en 27 de septiembre del 2024, disponible en https://www.redalyc.org/journal/945/94556418003/html/

Todo lo anterior significa en forma colectiva un gran paso dentro del derecho económico, ya que, si bien el Estado fundamentalmente busca un crecimiento dentro de los recursos económicos para que este nos beneficie como población, tratando de que se tenga la menor de las afectaciones, enfocada a ellas autoridades competentes que deberán velar por el interés y cumplimiento de la organización política que se le dé, así como la intervención de otras materias dentro del derecho económico como pilar fundamental dentro de su desarrollo económico, para esto desarrollaremos el enfoque económico que tiene el derecho aduanero atendiendo al principio de progresividad y no regresividad.

V. CLASIFICACIÓN DEL DERECHO ADUANERO COMO UN DERECHO ECONÓMICO

Al partir de un enfoque económico logramos detectar la importancia del derecho aduanero como un derecho económico fundamental en el estado mexicano, así como a nivel internacional, ya que la actividad financiera del Estado depende de la obtención, protección, entre otros la distribución de los ingresos públicos destinados justamente al gasto público. En ese sentido, la subsistencia de la persona física o moral que habrá de pagar los tributos, es trascendental pues acorde a sus actividades serán sus ingresos, y, por ende, el pago de las contribuciones.

Tal es que, la ley aduanera en su artículo primero nos señala que es objeto de reglamentación el conjunto de disposiciones jurídicas que *[…] regulan la entrada al territorio nacional y la salida del mismo de mercancías y de los medios en que se transportan o conducen, el despacho aduanero y los hechos o actos que deriven de éste o de dicha entrada o salida de mercancías […];*[18] pero, es importante resaltar que, el fenómeno

---

[18] Ley Aduanera. (2021), consultada el 28 de septiembre de 2024, disponible en https://www.diputados.gob.mx/LeyesBiblio/pdf/LAdua.pdf

financiero es absolutamente complejo, pues en razón del ente que lo produce, es de carácter político; por los medios para concretarse es de carácter económico y, por la forma en que se instrumenta, es igualmente jurídico. De tal suerte que la actividad financiera se caracteriza por peculiaridades que marcan diferencia en cuanto a otras actividades que lleve a cabo el Estado.[19]

Es así como se acepta la forma de entender su naturaleza económica, política y jurídica de la actividad financiera del Estado, entendiendo que el impuesto, en concreto el Impuesto General de Importación, es la contribución más importante de las pagadas por la introducción de mercancías a territorio nacional, pues se utiliza como instrumento regulatorio, aplicado en forma casuística en razón de la fracción arancelaria correspondiente[20]. Coincidimos con esta visión, porque con ella es posible acercarnos a la determinación de la actividad financiera del Estado y su relación con el Derecho Aduanero.

No obstante, es fundamental resaltar que la naturaleza universal e intrínseca de los derechos humanos exige que éstos sean entendidos y aplicados desde un enfoque holístico, esto es, como un ente íntimamente vinculado para alcanzar su plena garantía. Por lo anterior, el principio de progresividad debe extenderse a todos los derechos humanos que integran la parte sustantiva del ordenamiento jurídico interno de los miembros del Sistema Interamericano. Respecto a éste se resalta la actuación del Estado Mexicano, puesto que la Suprema Corte de Justicia de la Nación (SCJN), ha establecido formalmente

---

19 Sainz De Bujanda, Fernando. *Hacienda y Derecho Estudios de Derecho Financiero II.* Ed. Instituto de Estudios Políticos, Madrid. 1962. Págs. 420-426

20 Moreno-Yebra, Felipe.(2015). La relevancia del Derecho Aduanero en la actividad financiera del Estado. Consultado el 24 de marzo de 2024, disponible en: https://www.scielo.org.mx/scielo.php?pid=S2007-07052015000200560&script=sci_abstract

en sus interpretaciones la tesis de jurisprudencia 86/2017 (10a.),[21] la aplicación de todos los derechos humanos atendidos desde el principio de progresividad, como se menciona a continuación:

> ***Décima Época, Instancia: Primera Sala, Tesis: 1a./J. 86/2017 (10a.), Fuente: Gaceta del Semanario Judicial de la Federación, Tomo I, página 191, Libro 47, Octubre de 2017, Registro digital: 2015306. PRINCIPIO DE PROGRESIVIDAD. ES APLICABLE A TODOS LOS DERECHOS HUMANOS Y NO SÓLO A LOS LLAMADOS ECONÓMICOS, SOCIALES Y CULTURALES.***
>
> *El principio de progresividad estuvo originalmente vinculado a los -así llamados- derechos económicos, sociales y culturales, porque se estimaba que éstos imponían a los Estados, sobre todo, obligaciones positivas de actuación que implicaban el suministro de recursos económicos y que su plena realización estaba condicionada por las circunstancias económicas, políticas y jurídicas de cada país. Así, en los primeros instrumentos internacionales que reconocieron estos derechos, se incluyó el principio de progresividad con la finalidad de hacer patente que esos derechos no constituyen meros "objetivos programáticos", sino genuinos derechos humanos que imponen obligaciones de cumplimiento inmediato a los Estados, como la de garantizar niveles mínimos en el disfrute de esos derechos, garantizar su ejercicio sin discriminación, y la obligación de tomar medidas deliberadas, concretas y orientadas a su satisfacción; así como obligaciones de cumplimiento mediato que deben ser acometidas progresivamente en función de las circunstancias específicas de cada país. Ahora bien, esta Primera Sala considera que, a pesar de su génesis histórica, el principio de progresividad en nuestro sistema jurídico es aplicable a todos los derechos humanos y no sólo a los económicos, sociales y culturales. En primer lugar, porque el artículo 1o. constitucional no hace distinción alguna al respecto, pues establece, llanamente, que todas las autoridades del país, en el ámbito de sus competencias, están obligadas a*

---

[21] Becerra Ramírez José De Jesús. (2024). "Principio de Progresividad" Derecho Global. Estudios sobre Derecho y Justicia, México, Vol. 5, Núm. 15, enero, consultado el 29 de septiembre del 2024, disponible en https://www.scielo.org.mx/scielo.php?script=sci_arttext&pid=S2448-51362023000300179

> *proteger, garantizar, promover y respetar los derechos humanos de conformidad, entre otros, con el principio de progresividad. En segundo lugar, porque ésa fue la intención del Constituyente Permanente, como se advierte del proceso legislativo. Pero además, porque la diferente denominación que tradicionalmente se ha empleado para referirse a los derechos civiles y políticos y distinguirlos de los económicos, sociales y culturales, no implica que exista una diferencia sustancial entre ambos grupos, ni en su máxima relevancia moral, porque todos ellos tutelan bienes básicos derivados de los principios fundamentales de autonomía, igualdad y dignidad; ni en la índole de las obligaciones que imponen, específicamente, al Estado, pues para proteger cualquiera de esos derechos no sólo se requieren abstenciones, sino, en todos los casos, es precisa la provisión de garantías normativas y de garantías institucionales como la existencia de órganos legislativos que dicten normas y de órganos aplicativos e instituciones que aseguren su vigencia, lo que implica, en definitiva, la provisión de recursos económicos por parte del Estado y de la sociedad.*[22]

Es por ello que como bien lo determina el Máximo Tribunal, se logra dar un paso importante en la garantía de los Derechos Humanos, y deja de limitar el principio de progresividad, históricamente y entendido hacia los Derechos económicos, sociales, culturales y ambientales (DESCA), logrando expandir la aplicación del principio a todos los Derechos, ya que el ordenamiento constitucional no hace una diferencia entre estas categorías o tipos de derechos que se deban abordar, sino por el contrario, el artículo primero de la Constitución Política de los Estados Unidos Mexicanos, sólo hace referencia a todos los Derechos. Además, independientemente de la distinción, entre los derechos civiles y políticos, y por otro lado entre económicos y sociales, finalmente

---

22 No. de Registro 2015306, PRINCIPIO DE PROGRESIVIDAD. ES APLICABLE A TODOS LOS DERECHOS HUMANOS Y NO SÓLO A LOS LLAMADOS ECONÓMICOS, SOCIALES Y CULTURALES., [TA],10ma.Época; Primera Sala,S.J.F, Gaceta del Semanario Judicial de la Federación. Libro 47, Octubre de 2017, Tomo I, página 191, consultado en 29 de septiembre de 2024, disponible en https://sjf2.scjn.gob.mx/detalle/tesis/2015306

todos estos tutelan bienes básicos derivados de los principios fundamentales de autonomía, igualdad y dignidad de las personas.

En resumen, el principio de progresividad y la prohibición de la regresividad son principios fundamentales en la protección y promoción de todos los derechos de las personas. Estos principios exigen que los Estados amplíen gradualmente la cobertura y el nivel de protección de estos derechos en el tiempo, sin posibilidad de revertir los logros ya alcanzados, y adopten medidas para garantizar el goce efectivo de estos derechos, que deben ser progresivos en el tiempo para para alcanzar los objetivos que se hayan establecido en las normas internacionales y nacionales pertinentes.

También es importante enfocar las medidas de cumplimiento que se implementan para que se promueva de manera gradual y constante la garantía del principio de progresividad en estos derechos, de los cuales se logran destacar las siguientes acciones:

1. Implementar, adoptar leyes, reglamentos, así como políticas públicas que fortalezcan la protección de todos los derechos, asegurándose que el avance sea progresivo y fortalezca a la sociedad sin que exista o prevalezca le regresividad a lo ya adoptado.
2. Sensibilizar y promover la educación de estos derechos, generando una conciencia que fomente el respeto a los derechos que gozamos como seres humanos o personas.
3. Dar prioridad en la investigación de cualquier conducta o acción que viole estos derechos, sancionando equiparablemente al daño que se cause en perjuicio de otra persona, pero en consecuencia de que se garantice, se deberá asignar recursos suficientes para todos los organismos y dependencias, sin limitar presupuestalmente a cualquier otro organismo, para que no limiten la capacidad de actuación.

Es importante destacar que para que todos estos organismos sean eficaces y garanticen esta protección, se deberá actuar de forma progresista en la implementación de una constante evaluación de las necesidades para la protección de los derechos, adoptando estas medidas para mejorar la protección de los mismos, elevando los estándares que de primer momento se hayan establecido.

El principio de progresividad en el derecho y refiriendo a éste como a la idea de que los derechos no pueden disminuir, sino que sólo pueden aumentar gradualmente, vínculamos a este principio como interpretativo que se aplica en el derecho aduanero y se basa en el derecho internacional y constitucional. Atendiendo a la progresividad en el derecho aduanero se identifica de aplicabilidad en la actividad jurídica de la interpretación o mutación y se relaciona con los derechos de los agentes aduanales, agencias aduanales, representantes y/o apoderados aduanales. También es menester mencionar que la progresividad en el derecho aduanero está relacionada con otra serie de principios como lo son: la irretroactividad, la eficiencia, la suficiencia y la unidad de presupuesto.

VI. APLICACIÓN DEL PRINCIPIO DE PROGRESIVIDAD EN EL DERECHO ADUANERO

Una manifestación del principio de progresividad dentro de la investigación que nos ocupa se ve reflejada dentro de la progresividad arancelaria, esto como punto importante dentro de la economía en nuestro país.

La progresividad arancelaria es un concepto en el comercio exterior que se refiere a la práctica de un país de imponer aranceles más bajos en las materias primas y aranceles más altos en los productos transformados o manufacturados, esto se hace con el fin de proteger la industria de transformación o manufacturera nacional, ya que los aranceles más bajos en las materias primas reducen los costos de producción para la industria nacional, mientras que los aranceles más altos en los productos transformados dificultan la importación de productos terminados y fomentan la producción nacional. [23]

La reducción de la progresividad arancelaria es una tendencia impulsada por acuerdos comerciales internacionales, la necesidad de aumentar la competitividad económica, el fomento de la inversión extranjera y las reformas económicas internas. Aunque ofrece numerosos beneficios, como el acceso a insumos más baratos y una mayor integración en la economía global, también plantea desafíos para las industrias nacionales que deben adaptarse a un entorno más competitivo. Los países deben encontrar un equilibrio adecuado entre la liberalización del comercio y la protección de sus industrias estratégicas para maximizar los beneficios económicos y sociales.

Las causas que se han destacado y coadyuvan a la reducción arancelaria son:

a) Los Tratados de Libre Comercio (TLC): Los TLC y otros acuerdos comerciales ya que suelen incluir compromisos para reducir los aranceles y otras barreras comerciales entre los países firmantes.

b) La Organización Mundial del Comercio (OMC): Las negociaciones dentro de la OMC, como las rondas de negociación del Acuerdo General sobre Aranceles Aduaneros y Comercio (GATT), también han promovido la reducción de aranceles a nivel global, incluyendo la progresividad arancelaria.

Es así que produce una competitividad económica, en la que se busca:

---

[23] Organización Mundial del Comercio. *Progresividad Arancelaria. la OMC,* consultado el 29 de septiembre del 2024, disponible en https://www.wto.org/spanish/thewto_s/whatis_s/tif_s/dev4_s.htm

Reducir los aranceles en productos con mayor valor agregado puede estimular la competitividad de las industrias nacionales, obligándolas a ser más eficientes y a innovar.

Reformas Económicas Internas: En donde los gobiernos que formen parte, puedan implementar reformas arancelarias como parte de una estrategia más amplia de modernización económica y liberalización del comercio, así como la reducción de aranceles que disminuye el costo de insumos y productos terminados, beneficiando tanto a los consumidores como a las empresas nacionales.

Conviene mencionar los beneficios de la reducción arancelaria:

- Las industrias locales pueden acceder a insumos y tecnologías a costos más bajos, lo que puede aumentar la eficiencia y la productividad.
- Los consumidores se benefician de una mayor variedad de productos a precios más bajos.

También al proceso de desgravación o reducción arancelaria se define como la eliminación progresiva en una línea temporal de los aranceles aduaneros para bienes considerados originarios, que se encuentran negociados dentro de los Tratados de Libre Comercio o Acuerdos de Alcance Parcial, firmados entre países o con bloques regionales o grupo económico formado por más países. Siendo así, esta desgravación se constituye en una rebaja porcentual ya sea inmediata o progresiva en el tiempo de los aranceles aduaneros para las mercancías negociadas en el tratado. En un tratado, estos acuerdos se definen bajo un listado que cada país o región otorga al otro de manera que entran bajo una serie de categorías temporales nombradas a través de códigos alfanuméricos cuyo significado ha de ser definido por cada parte.

Se entiende entonces que al final de la vigencia de este periodo pueden ocurrir las siguientes circunstancias:

- El arancel llega a ser 0%.

- El arancel llega a establecerse en un tope límite donde se llegue a diferenciar del arancel de Nación Más Favorecida (NMF).[24]

Por otro lado también, la progresividad arancelaria se puede medir en términos de "tasa de protección efectiva", que se determina tomando el valor añadido en la elaboración de un producto y deduciendo la protección a los insumos procedentes del exterior. Sin embargo, debido a la gran cantidad de datos y los problemas metodológicos y conceptuales que supone la medición de las tasas de protección efectiva, se utiliza frecuentemente como aproximación las tasas nominales de progresividad arancelaria.

La progresividad arancelaria introduce un sesgo en contra de los productos agropecuarios y de uso intensivo de mano de obra en la protección comercial de los países desarrollados y los países en desarrollo, lo que frena el crecimiento impulsado por las exportaciones y el aumento de la diversificación en los países en desarrollo.

Es por eso que el principio de legalidad es fundamental en el ámbito jurídico, estableciendo que todos los actos de los poderes públicos deben estar en conformidad con la ley para ser válidos.[25] Este principio implica que cualquier acción del Estado debe regirse por la ley y no por la voluntad individual, además, el principio de legalidad se extiende a todas las personas, tanto físicas como morales, asegurando que el Estado cumpla con su obligación constitucional de actuar dentro del marco legal establecido.

En México, este principio está consagrado en la Constitución Política, específicamente en el artículo 14, mismo que garanti-

---

24 H. Garrido, Luis, (2021). "Conociendo Términos (Desgravación arancelaria)", Panamá, Edición N° 3, septiembre, consultado el 29 de septiembre de 2024, disponible en https://intelcom.gob.pa/storage/informes/October2021/t4AiOzhiT14BWzRHjo5y

25 Islas Montes, Roberto. (2009). *Sobre el principio de legalidad,* consultado el 30 de septiembre del 2024, disponible en https://www.corteidh.or.cr/tablas/r23516.pdf

za que ninguna ley tenga efecto retroactivo en perjuicio de las personas y que nadie pueda ser privado de sus derechos sin un juicio previo conforme lo establezcan las leyes existentes.[26] La progresividad arancelaria también se observa en muchos de los principales países en desarrollo, donde los aranceles aumentan con el grado de procesamiento del producto.

Por otra parte, en fechas recientes el Ejecutivo Federal dio a conocer por decreto la modificación a la Tarifa de la Ley de los Impuestos Generales de Importación y Exportación, respecto al incremento de aranceles para 544 fracciones arancelarias, el cual entro en vigor el 23 de abril 2024, el mismo señala:

> *[...]*
>
> *Debido a la creciente implementación de nuevos modelos comerciales a nivel mundial, como el caso de la relocalización (nearshoring), que tiene por objeto acercar la producción de las mercancías a los territorios de consumo, resulta necesario implementar acciones concretas que permitan una interacción equilibrada del mercado para evitar distorsiones económicas que puedan afectar la relocalización de los sectores productivos considerados estratégicos para el país, así como la atracción de nuevas empresas e industrias de alto valor agregado;*
>
> *Que, derivado de lo anterior, es conveniente establecer aranceles temporales, de entre 5% a 50%, a la importación de mercancías clasificadas en 544 fracciones arancelarias relativas al acero, aluminio, textiles, confección, calzado, madera, plástico y sus manufacturas, productos químicos, papel y cartón, productos cerámicos, vidrio y sus manufacturas, material eléctrico, material de transporte, instrumentos musicales, muebles, entre otras, con el fin de brindar certidumbre y condiciones de mercado justas a los sectores de la industria nacional que enfrentan situaciones de vulnerabilidad, derivado de las prácticas que alteran y afectan el comercio internacional y, así fomentar el desarrollo de la industria nacional y apoyar el mercado interno;*

---

26 Constitución Política de los Estados Unidos Mexicanos, (2024), consultado el 22 de marzo de 2024, disponible en https://www.diputados.gob.mx/LeyesBiblio/pdf/CPEUM.pdf

> *Que la medida propuesta es acorde con el derecho internacional, toda vez que la importación de mercancías originarias de los países con los que México tiene celebrado un tratado en materia comercial, de cubrir los requisitos establecidos en los mismos, se realizará bajo el trato arancelario preferencial de mercancías originarias previsto en el instrumento internacional que corresponda;*
>
> *Que, con la finalidad de evitar la afectación de las cadenas productivas y que se mantenga la competitividad en los sectores industriales más sensibles como lo son el eléctrico, electrónico, automotriz y el de autopartes, resulta necesario mantener, por el mismo periodo de vigencia de los aranceles previstos en el presente decreto, el beneficio arancelario de los Programas de Promoción Sectorial aplicable a fracciones arancelarias de diversos productos siderúrgicos, y [...]*[27]

Una manifestación del principio de progresividad en este apartado es la disminución gradual y paulatina a las cuotas establecidas en la Tarifa de los Impuestos Generales de Importación y Exportación y que una de sus principales expresiones es a través de los 15 tratados internacionales en materia comercial que México tiene vigente[28], así como sus diversos acuerdos de complementación económica. No obstante, el incremento a los aranceles referidos impacta desfavorablemente a este principio constitucional.

Por otra parte, el artículo 152 de la Ley Aduanera ha sido modificado en distintas ocasiones a partir de su versión original en el año de 1996[29], es así que es el reflejo de reformas, adiciones o derogaciones parciales que dan pauta a un inadecuado entendimiento y confusión.

---

27 Diario Oficial de la Federación. (2024). Decreto por el que se modifica la Tarifa de la Ley de los Impuestos Generales de Importación y de Exportación. Consultado el 22 de abril, disponible en https://www.dof.gob.mx/nota_detalle.php?codigo= 5724207&fecha=22/04/2024#gsc.tab=0

28 Bello Gallardo, Nohemí. *El despacho aduanero en México.* Ed. Fontamara. México, 2023, págs. 89-97.

29 *Ibidem.* p. 7

Para que proceda el inicio de este procedimiento conocido desde antaño como `procedimiento administrativo de omisión de contribuciones´ (PACO), se requiere que en el reconocimiento aduanero de mercancías, la verificación de mercancías en transporte, la revisión de los documentos presentados durante el despacho aduanero o en el ejercicio de las facultades de comprobación, la presunción de omisión en el pago de contribuciones, aprovechamientos y en su caso la imposición de sanciones sin que sea procedente el artículo 151 de la Ley aduanera vigente (embargo de mercancías).

A nuestro entender el artículo 152 alberga dos procedimientos de naturaleza contraria. Es decir, un procedimiento con garantía de audiencia y viceversa. Por ejemplo, en aquellos casos de las facultades de comprobación como el reconocimiento aduanero en donde la mercancía haya sido sujeta a la toma de muestras y del resultado del análisis de laboratorio se advierta una inexacta fracción arancelaria que implica la omisión de obligaciones aduaneras total o parcial de contribuciones, es obligación de la autoridad aduanera (aduana) dar a conocer al particular las omisiones presumibles en un acta o escrito de hechos. En ellos deberá hacérsele saber al interesado que cuenta con el plazo de 10 días contados a partir del día siguiente a que surta sus efectos la notificación para el ofrecimiento de pruebas y alegatos con el propósito de desvirtuar las irregularidades detectadas por la autoridad aduanera. Entre otros requisitos formales encontramos la designación de testigos, manifestación de domicilio para oír y recibir notificaciones señalados por el presunto infractor.

Por otra parte, también encontramos en el artículo 152 de la ley aduanera vigente un procedimiento residual, esto es, cuando no sea aplicable el procedimiento de omisión de contribuciones de cuotas compensatorias o el procedimiento de embargo precautorio de mercancías (arts. 150, 151 y 153 de la Ley Aduanera), así como los procedimientos de retención de los artículos 148 y 158 de la Ley aduanera, será aplicable el procedimiento del artículo 152. En este supuesto no existe el procedimiento en el cual el particular pueda ofrecer las pruebas y alegatos para desvirtuar la postura de la autoridad aduanera, siendo la determinación del crédito fiscal de manera directa. En pasadas legislaciones vigentes de la ley aduanera sí estaba estipulado para todos los supuestos la garantía de audiencia, lo que en estos tiempos se convierte en una regresión en contra del particular sujeto obligado.

VII. CONCLUSIONES

El principio de progresividad aunado a ser concebido como un derecho humano de carácter obligatorio su cumplimiento por parte del Estado en todas sus representaciones, se traduce en un beneficio para los particulares de imposibilidad de vulneraciones por las autoridades. Hemos dado evidencia de su trascendencia y cómo se usa. De igual manera de la aplicación de medidas regresivas, así como de su admisión en caso de que se justifiquen plenamente.

Existen situaciones que posibilitan al Estado a ejercer una regresión al principio de progresividad, éstas son: que el Estado señale la falta de recursos económicos situación que lo obliga a probarlo fehacientemente, a su vez que se realizaron todos los esfuerzos posibles para utilizar los recursos a su disposición sin tener éxito, entre otros. En los ejemplos expuestos en este trabajo de investigación no se advierte que en la modificación de la Tarifa de la Ley de los impuestos Generales de Importación y Exportación respecto al incremento de aranceles para 544 fracciones arancelarias se probaran los extremos descritos. Lo mismo acontece con las modificaciones al procedimiento administrativo en materia aduanera señalado en el artículo 152 de la Ley Aduanera, donde se advierte para ciertas irregularidades del particular la imposibilidad de ofrecer pruebas y alegatos considerando que era un derecho adquirido favorable al particular. Los señalados podrán ser considerados como transgresiones al principio de progresividad cometidas por el Ejecutivo Federal en el primero de los señalados y por el Congreso de la Unión en el segundo ejemplo enunciado.

Se da cuenta de la importancia del principio de progresividad en el ámbito aduanero, debido a que es vital para el cumplimiento de las obligaciones de los Estados en materia de los Derechos Económicos, Sociales, Culturales y Ambientales, porque derivado de un buen manejo de los recursos mediante políticas públicas eficaces no solo se asegura en materia económica la recaudación de recursos esenciales para la implementación del crecimiento del país, sino que también se pueden equilibrar otros recursos que protejan la salud pública y el medio ambiente siempre y cuando éste mantenga un equilibrio entre el comercio justo y equitativo comenzando por una adaptación de regímenes de impuestos y aranceles perpetuando que no prevalezca una desigualdad, si no que contrario a ello contribuya a una distribución más equitativa de los recursos obtenidos.

VIII. REFERENCIAS

Becerra Ramírez José De Jesús. (2024) *"Principio de Progresividad Derecho Global"*. Estudios sobre Derecho y Justicia, México, Vol. 5, Núm. 15 ,2024, enero, consultado el 29 de septiembre del 2024, disponible en https://www.scielo.org.mx/scielo.php?script=sci_arttext&pid=S2448-51362023000300017

Bello Gallardo, Nohemí. "*El despacho aduanero en México*". Ed. Fontamara. México.2023 págs. 89-97.

Comisión Nacional de los Derechos Humanos, *Diagnóstico con relación a los Derechos Económicos, Sociales, Culturales y Ambientales (DESCA)*, consultado el 17 de junio de 2024, disponible en https://informe.cndh.org.mx/menu.aspx?id=80072

Comisión Nacional de los Derechos Humanos. (2016). *Los principios de universalidad, interdependencia, indivisibilidad y progresividad de los derechos humanos*, consultado el 20 de septiembre de 2024, disponible en https://www.cndh.org.mx/sites/all/doc/cartillas/2015-2016/34-Principios-universalidad.pdf

Comisión Nacional de los Derechos Humanos. *Derechos económicos, sociales, culturales y ambientales*. CNDH, consultado el 24 de septiembre de 2024. disponible en https://informe.cndh.org.mx/menu.aspx?id=50072

Constitución Política de los Estados Unidos Mexicanos, (2024), consultado el 22 de marzo de 2024, disponible en https://www.diputados.gob.mx/LeyesBiblio/pdf/CPEUM.pdf

Constitución Política de los Estados Unidos Mexicanos, (2024), consultado el 22 de marzo de 2024, disponible en https://www.diputados.gob.mx/LeyesBiblio/pdf/CPEUM.pdf

Constitución Política de los Estados Unidos Mexicanos, (2024), consultado el 22 de marzo de 2024, disponible en https://www.diputados.gob.mx/LeyesBiblio/pdf/CPEUM.pdf

Diario Oficial de la Federación. (2024). *Decreto por el que se modifica la Tarifa de la Ley de los Impuestos Generales de Importación y de Exportación.* consultado el 22 de abril., disponible en https://www.dof.gob.mx/nota_detalle.php?codigo=5724207&fecha=22/04/2024#gsc.tab=0

Díaz Cayeros Alberto, Razú Aznar Zaira, "*¿Hacia dónde va la economía política en México?*", Scielo, 2014, octubre-diciembre, consultado el 10 de agosto del 2024, disponible en https://www.scielo.org.mx/scielo.php?script=sci_arttext&pid=S2448-718X2014000400783

H. Garrido, Luis, (2021) *Conociendo Términos (Desgravación arancelaria)*, Panamá, Edición No 3, septiembre, consultado el 29 de septiembre de 2024, disponible en https://intelcom.gob.pa/storage/informes/October2021/t4AiOzhiT14BWzRHjo5y.

Islas Montes Roberto. (2009). Sobre el principio de legalidad, consultado el 30 de septiembre del 2024, disponible en https://www.corteidh.or.cr/tablas/r23516.pdf

Ley Aduanera. (2021), consultada el 28 de septiembre de 2024, disponible en https://www.diputados.gob.mx/LeyesBiblio/pdf/LAdua.pdf

Libro 47, octubre de 2017, Tomo I, página 188, consultado en 23 de septiembre de 2024, disponible en https://sjf2.scjn.gob.mx/detalle/tesis/2015304

Moreno-Yebra, Felipe. (2015). "*La relevancia del Derecho Aduanero en la actividad financiera del Estado: Reflexiones*". Nova scientia, 7(14), 560-576.

Naciones Unidas. *¿Qué son los derechos humanos?*, consultado el 20 de septiembre de 2024, disponible en https://www.ohchr.org/es/what-are-human-rights

No. de Registro 2015304, PRINCIPIO DE PROGRESIVIDAD DE LOS DERECHOS HUMANOS. LA PROHIBICIÓN QUE TIENEN LAS AUTORIDADES DEL ESTADO MEXICANO DE ADOPTAR MEDIDAS REGRESIVAS NO ES ABSOLUTA, PUES EXCEPCIONALMENTE ÉSTAS SON ADMISIBLES SI SE JUSTIFICAN PLENAMENTE, [TA], 10ma.Época; Primera Sala, S.J.F, Gaceta del Semanario Judicial de la Federación.

No. de Registro 2015306, PRINCIPIO DE PROGRESIVIDAD. ES APLICABLE A TODOS LOS DERECHOS HUMANOS Y NO SÓLO A LOS LLAMADOS ECONÓMICOS, SOCIALES Y CULTURALES., [TA], 10ma. Época;

Primera Sala, S.J.F, Gaceta del Semanario Judicial de la Federación. Libro 47, octubre de 2017, Tomo I, página 191, consultado en 29 de septiembre de 2024, disponible enhttps://sjf2.scjn.gob.mx/detalle/tesis/2015306

Organización Mundial del Comercio. *Progresividad Arancelaria.* la OMC, consultado el 29 de septiembre del 2024, disponible en https://www.wto.org/spanish/thewto_s/whatis_s/tif_s/dev4_s.htm

Poyanco Bugueño Rodrigo Andrés, (2017), "Derechos sociales y políticas públicas. El principio de progresividad", págs. 327-349 consultado el 06 de mayo de 2024, disponible en: https://www.corteidh.or.cr/tablas/r37891.pdf

Moreno-Yebra, Felipe. (2015). La relevancia del Derecho Aduanero en la actividad financiera del Estado. Consultado el 24 de marzo de 2024, disponible en: https://www.scielo.org.mx/scielo.php?pid=S2007-07052015000200560&script=sci_abstract

Real Academia Española. (2023). *Diccionario panhispánico del español jurídico.* consultado el 23 de septiembre de 2024, disponible en https://dpej.rae.es/lema/derecho-económico

Sainz De Bujanda, Fernando. "*Hacienda y Derecho Estudios de Derecho Financiero* II". Ed. Instituto de Estudios Políticos, Madrid.1962. Págs. 420-426

Suprema Corte de Justicia de la Nación. *Los Derechos Humanos y la SCJN,* consultado el 09 de mayo de 2024, disponible en https:

Acción forense humanitaria. Aspectos éticos e interdisciplinarios en el tratamiento digno para las víctimas encontradas en fosas clandestinas[1]

RAÚL RUIZ CANIZALES[2]
ALEJANDRO DÍAZ REYES[3]

---

1 El presente texto constituye una versión adaptada y actualizada de los resultados derivados del proyecto de investigación *Acción Forense Humanitaria,* registrado ante la Dirección de Investigación y Posgrado de la Universidad Autónoma de Querétaro (FDE2018-04). Para una primera versión de los resultados del proyecto véase: Ruiz Canizales, Raúl; Pichardo Hernández, Juan A. & Campos Reyes, Karen. "La especialización de las áreas forenses como factor clave en el tratamiento digno para las víctimas encontradas en fosas clandestinas". En *DIXI,* vol. 25, n°. 1, enero-junio 2023, 1-21. Agradezco la colaboración del docente Juan Alberto Pichardo Hernández en la elaboración de este capítulo.

2 Doctor en derecho y docente investigador adscrito a la Facultad de Derecho de la Universidad Autónoma de Querétaro. Correo electrónico: raul.canizales@hotmail.com

3 Licenciado en derecho, con estudios de Maestría en Impuestos y Doctorado en Derecho por la Universidad Autónoma de Querétaro. Miembro del Sistema Nacional de Investigadores (SNI). Integrante del Cuerpo Académico consolidado "Derechos Humanos y Globalización" de la Facultad de Derecho de la UAQ. Coordinador del Capitulo Querétaro de la Asociación Méxicana de Derecho Administrativo. Presidente de la Academia de Derecho Fiscal y Administradtivo de la Facultad de Derecho UAQ. Cel. +52 4421579585.Correo: alex-diaz-23@hotmail.com ORCID ID: https://orcid.org/0000-0001-7945-5267

SUMARIO: I. INTRODUCCIÓN. II. EL CONTEXTO Y EL ALCANCE DE LOS CONCEPTOS PRINCIPALES. III. LOS MATERIALES Y LOS MÉTODOS. IV. RESULTADOS Y DISCUSIÓN. V. LAS PRÁCTICAS CONTROLADAS DEL PROYECTO DE INVESTIGACIÓN. VI. EL CASO ESPECÍFICO DEL PROTOCOLO HOMOLOGADO PARA LA BÚSQUEDA DE PERSONAS DESAPARECIDAS Y NO LOCALIZADAS. VII. CONCLUSIONES. VIII. FUENTES CONSULTADAS.

RESUMEN: En la actualidad, en México, el fenómeno de las fosas clandestinas es un tema de marcado impacto social, manifestado de diversas formas por la población al exigir prontas respuestas. Existe poca investigación basada en una participación coordinada de las diversas ciencias forenses, pues los antecedentes verificables sobre el tema basan sus estudios desde lo que le hemos denominado unidisciplinariedad, *i. e.,* a partir de un solo enfoque abordado por alguna ciencia forense en particular y, por tanto, al margen del trabajo coordinado con otras ciencias (interdisciplinariedad) y de la especialización. La falta de coordinación e integración interdisciplinar ha derivado en una confusión en cuanto al procesamiento de la información. Esta última vertiente resulta importante para la investigación de cada caso, particularmente en lo relativo al esclarecimiento de los hechos y, por ende, en lo que toca a una correcta procuración y administración de justicia, así como la certeza en la información proporcionada por los familiares de las víctimas. Por otra parte, son cada vez más frecuente los casos en los que se violentan los derechos humanos de las víctimas o sobre casos en los que los restos encontrados en las fosas clandestinas reciben un trato que, desde la ética de las víctimas, dista de ser digno.

PALABRAS CLAVE: dignidad, fosas clandestinas, interdisciplinariedad

I. INTRODUCCIÓN

El contenido de este documento es el resultado de una investigación que permitió conocer los protocolos existentes en materia de tratamiento y especialización de las de fosas clandestinas, sentando precedente sobre la exhumación en un ambiente universitario y controlado. Además, permitió emitir una serie de recomendaciones y se señalaron algunas áreas de oportunidad que fueron identificadas a raíz de minuciosas revisiones de protocolos en la materia, para lo que se consideró en todo momento el tratamiento digno tanto de los restos de las víctimas y de sus propios familiares, enfocado todo ello a obtener una procuración de justicia pronta y objetiva.

Resultado de la investigación, colegimos sobre la necesaria especialización, particulatmene en lo relativo al desarrollo del enfoque multi e interdisciplinario que requiere y que la dimensión de la problemática exige, so pena de agravarse las incertidumbres que han estado presente las prácticas cotidianas de búsqueda y obtención de restos humanos en fosas clandestinas. Además, en lo relativo al tratamiento digno en las intervenciones de carácter forense orientadas a la localización, exhumación, intervención y tratamiento de las fosas clandestinas que se extienden a lo largo del país, una de las conclusiones a las que se arriba —como eje principal— alude a la urgente constitución de un banco de muestras de ADN de familiares de desaparecidos, se podría contribuir positivamente para identificar a la víctima. Se deben dirigir todos los esfuerzos a que, en todo momento, el personal a cargo de estos casos esté capacitado y sensibilizado con la finalidad de asegurar un tratamiento eficaz. Se concluye también sobre la necesidad de fortalecer y unificar el Registro Administrativo de Detención a que se refiere la *Ley General del Sistema Nacional de Seguridad Pública,* y que incluya la información de las detenciones bajo las modalidades de orden de aprehensión, flagrancia, ministerial por caso urgente, arraigo, cateo y provisional con fines de extradición.

El presente proyecto estuvo dirigido, principalmente, a los profesionales de áreas forenses, así como a miembros de asociaciones civiles de búsqueda y localización de personas, con el propósito de coadyuvar con una aplicación estandarizada de los procesos de búsqueda y exhumación de restos óseos encontrados en fosas clandestinas a lo largo del país. A un mismo tiempo el texto apunta hacia la finalidad de que exista una homologación en la información y se procure un actuar eficiente, alineado a protocolos nacionales e internacionales. Con lo anterior, lo que está en juego es elaborar e implementar directrices pertinentes con la finalidad de poder brindar un trato digno tanto a los restos encontrados en fosas clandestinas como a los familiares de las víctimas. El adjetivo 'digno' se usará en el sentido de merecimiento de un trato respetuoso, y no debe ser entendido en su concepción genérica. En virtud de lo anterior, la investigación se centró en el *a)* estudio del fenómeno de las fosas clandestinas, *b)* el análisis de los protocolos existentes para la intervención en las fosas clandestinas, *c)* el desarrollo de una práctica controlada para realizar el procesamiento en dichas fosas y propuestas de mejora en las intervenciones.

Todo lo tocante a las fosas clandestinas constituye una temática que en nuestros días ha causado un gran conflicto, desde la propia gestión hasta los resultados de estas investigaciones y la colaboración con la procuración de justicia. De hecho, ha sido estudiado, de manera aislada, desde diferentes enfoques, entre ellos el antropológico, derechos humanos, arqueológico y biológico.

II. EL CONTEXTO Y EL ALCANCE DE LOS CONCEPTOS PRINCIPALES

En la actualidad, tanto a nivel nacional como internacional, el fenómeno criminal ha ido en incremento, además de manifestarse de diferentes maneras. Hoy día es común el hallazgo de cuerpos en diferentes escenarios y condiciones, de tal modo que, como atinadamente lo sostiene Silvana Rabinovich "Es estremecedor saber que pisar la tierra en muchos lugares del planeta —en particular en América Latina—, implica literalmente caminar sobre cementerios clandestinos."[4] Para el caso de México, según los

4 Rabinovich, Silvana, "Libertad y responsabilidad desde la mirada de las víctimas", en *La ética ante las víctimas,* ed. José M. Mardones y Reyes Mate, Barcelona, Antrophos, 2003, p. 56.

datos de Comisión Nacional de Derechos Humanos, la mayoría de ellos mantienen relación con algún hecho delictivo.[5]

El término 'fosa clandestina' hace referencia a una inhumación de restos humanos de forma ilegal en algún lugar físico, con la finalidad de ser ocultados y, por ende, no encontrados, de ahí el término "clandestinas". La Comisión Nacional de Derechos Humanos define una fosa clandestina como:

> *(...) aquella que se realiza de manera secreta u oculta por ir en contra de la ley y su propósito es esconder lo que en ella se deposita, evitando entre otras cosas que las autoridades puedan sancionar e investigar las razones de la inhumación; las personas que realizan este tipo de fosas saben que su acción es ilegal. Una fosa común es un espacio o hueco en la tierra especialmente destinada a inhumar varios cadáveres que por diversas razones (principalmente por no ser identificados) no tienen sepultura particular; y una fosa irregular es aquélla que está fuera de regla o norma o es contraria a ellas, es decir que a pesar de contar con las características de una fosa común, no cumple con los requisitos legales y los permisos correspondientes para operar como tal.*[6]

Hasta el momento la fosa clandestina se considera de esta manera por su carácter ilegal en esconder lo que en ella se deposita; sin embargo, la cualidad de clandestina no se agota con la circunstancias de la ilegalidda, sino que también se deben reunir una serie de factores particulares que permitan identificar y diferenciarla de la fosa común o ilegal. Así, por ejemplo, de acuerdo con otros informes se establece las siguientes caracteristicas un sitio donde

---

5 Comisión Nacional de los Derechos Humanos. *Informe especial de la Comisión Nacional de los Derechos Humanos sobre desaparición de personas y fosas clandestinas en México*, México, CNDH, 2017.

6

·, 57-58.

uno o más cuerpos y/o restos de personas fueron enterrados de forma ilegal, con el objetivo de ocultar o destruir evidencia.[7]

En cuanto a las diferentes prácticas que se llevan a cabo al realizar investigaciones referentes a este tipo de fosas, resulta de suma importancia resaltar el digno *tratamiento* forense que deben tener los restos humanos con los cuales se está trabajando, esto desde un aspecto ético, pero sobre todo humanitario de cara a los familiares en su calidad de víctimas secundarias. En efecto,

> *"Hablar de la víctima, en sentido moral, es plantear la actualidad de sus derechos, negados en el pasado, a los que ahora, sin embargo, se les reconoce vigencia. Hablamos de víctimas y pensamos en el daño hecho a seres inocentes, entendiendo consecuentemente que ahí hay atentado a unos derechos que no han prescrito, sino que les reconocemos vigentes.*[8]

Es en ese alcance moral que nos comparte Reyes Mate en el que se debe procurar, por tanto, y en todo momento, primero, el respeto a la memoria de la víctima primaria y, segundo, un trato digno a las víctimas secundarias (familiares). En este sentido, toda vez que la noción de tratamiento implica una conducta de un sujeto dirigida a otro u otros, pero al mismo tiempo un reconocimiento de las diferencias, entonces nos sumamos y abrazamos el sentido que R. Vázquez[9] adopta al afirmar que ser tratado con dignidad significa, por una parte, ser tratado sin crueldad, y sin humillación; por otra, ser tratado igualitariamente, sin discriminación, en atención a la satisfacción de necesidades biopsíquicas básicas. La cuestión es que aquí, en el caso de restos humanos

---

7 González Núñez, Denise et al, *Violencia y terror. Hallazgos sobre fosas clandestinas en México 2006-2017*, México, Universidad Iberoamericana, 2019, p. 23.

8 Mate, Reyes, "En torno a una justicia anamnética", en *La ética ante las víctimas*, ed. José María Mardones y Reyes Mate, Barcelona, Anthropos, 2003, p. 100.

9 Vázquez, Rodolfo, *Derechos humanos. Una lectura liberal igualitaria*, Ciudad de México, IIJUNAM, 2015, pp. 44-45.

en fosas clandestinas, se trata de seres a los que, en los términos que ya lo señalamos con Reyes Mate, les reconocemos como vigentes sus derechos. Un trato 'digno', desde la mirada de R. Mate aplicada a la problemática aquí abordada, refiere asumir que los restos encontrados en fosas clandestinas merecen un tratamiento respetuoso o, si se quiere, de respeto a su memoria aun cuando se desconozca la identidad de los mismos.

Por otro lado, la investigación sobre fosas clandestinas no se ha desarrollado y sustentando desde una forma técnico-científica adecuada, lo que arroja como resultado que en muchas ocasiones no sea posible la localización y/o el procesamiento debido de las mismas. Lo anterior, sin duda alguna, impacta en la posible la identificación de las víctimas y el esclarecimiento de los hechos. Con la finalidad de realizar un esclarecimiento de lo que ha acaecido se recurre a particulares áreas de conocimiento, así como a los "expertos" de las mismas, con el objetivo de que puedan intervenir en el fenómeno mediante un estudio integral técnico científico del mismo y particularizando cada caso, sin que ello haya significado necesariamente en una dinámica coordinada en clave de multi, inter y transdisciplinariedad. Los resultados de los hallazgos y la precisión de éstos, en la gran mayoría de los casos, están sujetos al azar y a la suerte.

Ahora bien, en cuanto al acercamiento del objeto de estudio, para Garrafa V.[10] lo primero —lo multi— implica convergencia de disciplinas en el tiempo, sobrepasa a cada una de ellas, pero el resultado sigue siendo limitado a la estructura propia del estudio uni/mono-disciplinar, *i. e.*, cada disciplina observa y retiene lo que le interesa y sin compartir nada con las otras. Lo segundo, lo inter, se refiere a una transferencia de métodos de una disciplina hacia otra. Lo tercero, lo trans, indica aquello que está al mismo tiempo entre las disciplinas, a través de las disciplinas y más allá

10 Garrafa, Volnei. *Multi-inter-transdisciplinariedad, complejidad y totalidad concreta en bioética,* Ciudad de México, IIJUNAM, 2005, pp. 69-70.

de cualquier disciplina, y en virtud de ello se enfoca hacia la comprensión de la realidad, para la cual uno de los imperativos más importantes es el de la unidad del conocimiento. En otras palabras, "La transdisciplinariedad, en tanto, es un abordaje que va más allá, proporcionando libertad de estar del otro lado sin ser acusados de estar pisando donde no debemos y sin temer serlo."[11] Precisamente eso es lo que está en juego en los procesos de búsqueda, tratamiento y obtención de restos humanos en fosas clandestinas. El enorme reto es, en primer lugar, identificar, a partir de los protocolos y lineamientos vigentes, tanto a nivel internacional como local, cuáles son las mejores prácticas científicas para la localización, análisis y gestión de restos humanos no identificados en diversos estados de descomposición, los cuales han sido enterrados en fosas clandestinas; en segundo lugar, proponer un marco ético jurídico de respeto a la dignidad de las personas fallecidas e involucradas en hechos constitutivos de delito.

Durante la última década en el país se ha incrementado la localización de fosas clandestinas, lo que ha generado la necesidad urgente del esclarecimiento jurídico y social a través de la investigación especializada por parte de las autoridades y áreas competentes. De acuerdo con fuentes oficiales se sabe que entre diciembre de 2006 y junio de 2017 fueron localizadas un total de 1,588 fosas clandestinas en 23 estados del país. En suma, la cifra de cuerpos encontrados al interior de éstas supera los 2,000. Debe resaltarse que, además de los cuerpos hallados, también fueron encontrados cerca de 11.500 fragmentos óseos[12]. Derivado de este fenómeno la entonces Procuraduría General de la Republica publicó el *Protocolo para el Tratamiento e Identificación Forense,* en el cual se establecen lineamientos generales que exigen

---

[11] *Ibid.*, 71.

[12] Comisión Nacional de los Derechos Humanos. *Informe especial de la Comisión Nacional de los Derechos Humanos sobre desaparición de personas y fosas clandestinas en México* (veáse n. 2).

una metodología y material mínimo para el tratamiento de fosas clandestinas. De este modo, al igual que a nivel de instituciones gubernamentales, las instituciones académicas especializadas en la formación científica de las y los futuros profesionistas en materia pericial también tienen las necesidades y omisiones ya referidas.

Diversas recomendaciones realizadas por la Organización de la Naciones Unidas (ONU) y por el Comité Internacional de la Cruz Roja (CIRC) señalaron en los últimos años la necesidad de gestionar un marco legal y de actuación. En este sentido y con la finalidad de atender este fenómeno social el Estado mexicano promulga la *Ley General en materia de desaparición forzada de personas, desaparición cometida por particulares y del sistema nacional de búsqueda de personas.* La finalidad de esta ley es, entre otras, buscar personas desaparecidas, no localizadas y esclarecer los hechos; además de prevenir, investigar, sancionar y erradicar los delitos en materia de desaparición forzada de personas y desaparición cometida por particulares; garantizando la protección integral de los derechos de las personas desaparecidas hasta que se conozca su paradero y establezca su situación jurídica; así como la atención, la asistencia, la protección y en su caso, la reparación integral y las garantías de no repetición.

Este fenómeno social merece ser estudiado a profundidad ya que es uno de los más trascendentes en nuestros tiempos. De hecho, Daniel Jonah Goldhagen[13] menciona que este tipo de situaciones pueden ser peores que una guerra declarada ya que devienen en genocidio y eliminacionismo: matanzas masivas e irracionales. Se trata de una continua agresión contra grupos de personas y que constituyen una agresión contra toda la humanidad.

Con la descripción y antecedentes antes mencionados el fenómeno de fosas clandestinas en nuestro país requiere de

---

13 Goldhagen, Jonah, *Peor que la guerra: genocidio, eliminacionismo y la continua agresión contra la humanidad,* España, Taurus, 2010.

manera urgente la estandarización de procesos y protocolos de actuación, que se ajusten a lineamientos internacionales tales como los de la Organización de las Naciones Unidas (ONU) y el Comité Internacional de la Cruz Roja (CICR), quienes han emitido recomendaciones acerca del creciente fenómeno en México.

A guisa de hipótesis se considera que las mejores prácticas científicas para la localización, análisis y gestión de restos humanos no identificados en estado de esqueletización —los cuales han estado enterrados en fosas clandestinas— apuntan hacia el establecimiento de un trabajo homologado, coordinado desde un enfoque científico no sólo multi sino *inter* y *trans*disciplinario que permita, mediante la transferencia de métodos, seguir los ejes de la investigación de una forma estandarizada nacional e internacionalmente, apegado a criterios que busquen preservar la dignidad humana. De esta manera se podrá garantizar una investigación metodológica con lo más fiables resultados posibles e información jurídica científica y concisa a los familiares de las personas desaparecidas.

En virtud de lo anterior, en este proyecto de investigación se plantearon los siguientes objetivos: a) identificar cuáles son las normas nacionales e internacionales diseñadas específicamente para el manejo de restos humanos no identificados en fosas clandestinas; b) identificar, derivado de prácticas controladas a partir de representaciones de la realidad, la relación que guardan los derechos humanos y el marco jurídico nacional e internacional con las prácticas enfocadas a la localización, análisis y gestión de los restos humanos no identificados en diversos estados de descomposición enterrados en fosas clandestinas; c) Sistematizar información asociada a las mejores prácticas en los procesos y protocolos de actuación que se ajusten a los lineamientos internacionales y nacionales para el manejo de restos humanos no identificados en fosas clandestinas.

III. LOS MATERIALES Y LOS MÉTODOS

Para el proceso de identificación de las normas nacionales e internacionales diseñadas para el manejo de restos humanos no identificados en fosas clandestinas, el método analítico ha resultado de útilidad para el estudio de los postulados jurídicos formulados desde el ámbito internacional y nacional. Asimismo, por medio del método hermenéutico se interpretaron los supuestos jurídicos y el método comparativo, por su parte, nos permitió advertir la congruencia entre normatividad internacional y nacional.

En lo relativo al proceso de identificación de la relación que guardan los derechos humanos y el marco jurídico nacional e internacional con las prácticas enfocadas a la localización, análisis y gestión de los restos humanos no identificados en diversos estados de descomposición enterrados en fosas clandestinas, se desarrollaron prácticas controladas a partir de la representación de la realidad en las que por medio del método comparativo se identificó dicha relación. Asimismo, la sistematización de la información fue dirigida a considerar las mejores prácticas en los procesos y protocolos de actuación que se ajusten a los lineamientos internacionales y nacionales para el manejo de restos humanos no identificados en fosas clandestinas. De esta manera, por medio del método analítico se estudiaron los diversos enfoques de la acción forense humanitaria desde el derecho, bioética, criminología, criminalística, victimología y antropología forense. Las técnicas aplicadas fueron la entrevista semiestructurada a expertos y académicos relacionados a la problemática.

IV. RESULTADOS Y DISCUSIÓN

Respecto a la identificación de las normas nacionales e internacionales que fueron diseñadas para el manejo de restos humanos no identificados en fosas clandestinas, se desarrolló un análisis documental de los protocolos disponibles y pertinentes para este tipo de casos. Primero, se identificaron y seleccionaron los protocolos referentes a la materia, después se realizaron fichas de trabajo para organizar la información. Con este primer paso se obtuvieron categorías de análisis que se utilizaron para el ejercicio del cuadro comparativo de dichos protocolos. Las categorías resultantes fueron:

1. Etapas del proceso de investigación forense. Esta categoría es importante porque ha permitido definir las etapas que debe considerar las personas que procesan los lugares de investigación. Se encontró que, si el experto tiene bien definidas dichas etapas al momento de procesar, aumenta las posibilidades de que siga una ruta metodológica y sistemática en su intervención.

2. Protocolos del levantamiento y embalaje de indicios. Mediante esta categoría se indican las mejores prácticas para el tratamiento de los indicios, desde la misma osamenta y fragmentos óseos, incluyendo indicios relacionados en el procesamiento del lugar que pueden ser pertenencias, muestras de tierra, fauna, indicios relacionados o cercanos al lugar. De esta manera, y en conjunto con la cadena de custodia, los indicios permiten un análisis íntegro del material sensible significativo que aporta información respecto al caso investigado.

3.Recomendaciones de intervención. En este apartado se emite una serie de recomendaciones particulares vinculadas al tratamiento de fosas; si bien, de manera general, un procesamiento emplea la misma metodología que en cualquier lugar de investigación, estas recomendaciones hacen alusión al tema de fosas clandestinas.

4. Participación de expertos forenses. Aquí se menciona quiénes deben ser los expertos que participan en el procesamiento del lugar, así como sus funciones y atribuciones, lo que permite resolver de manera íntegra el caso a investigar.

6. Observaciones. Se estableció como un espacio en donde probablemente no encuadre en las categorías recién señaladas, pero sí contiene información relevante para el procesamiento y es necesario señalar.

A continuación, se presenta un ejemplo de la tabla realizada.

Los protocolos hacen mención sobre:	Etapas que debe tener el procesamiento o la investigación forense	Protocolo de levantamiento y embalaje	Recomendaciones de intervención	Expertos forenses necesarios en la intervención	Observaciones importantes que aporta el protocolo:
Protocolo para el tratamiento e identificación forense (PGR - México)	○	○	○	○	Hace un análisis desde la perspectiva de la antropología forense. • Brinda información importante sobre el manejo de prendas. • Sugiere un tratamiento antropológico forense especializado para cadáveres esqueletizados. Aporta formatos para las diferentes áreas de especialidad.
La importancia del proceso de investigación forense en casos de desaparición forzada (2015, Equipo mexicano de Antropología Forense A.C. – México)	○	×	×	○	Aborda temas de vital relevancia tales como el desconocimiento de la población sobre el actuar de las Ciencias Forenses en México.
Situación de fosas clandestinas en México (2018, México)	×	×	×	×	Proporciona cifras hemerográficas hasta el año 2017 referentes al número de fosas, cuerpos restos y fragmentos encontrados en México.
Ley general en materia de desaparición forzada de personas, desaparición cometida por particulares y del sistema nacional de búsqueda de personas. (2017, México)	×	×	×	×	• Incorpora y desarrolla el concepto de "Banco Nacional de Datos Forenses". • Artículo 37 relacionado directamente con las Fosas.
Arqueología y antropología forense: el caso de los cazadores guanajuatenses (2016, Universidad Autónoma de Zacatecas – México)	○	×	○	○	• Narra información importante que puede servir de comparación para otros casos forenses.
Protocolo de Minnesota sobre la investigación de muertes potencialmente ilícitas. (2016, Naciones Unidas/Derechos humanos – Nueva York/Ginebra)	○	○	○	○	• Contempla y promueve el derecho de las víctimas, incluyendo el derecho de los familiares a ser informados sobre la causa de muerte. • Señala al Estado como el responsable de investigar. Habla sobre el respeto de la dignidad de la persona fallecida. Introduce conceptos de fosa primaria y fosa secundaria.
Fundamentos de Antropología Forense: Técnicas de prospección, exhumación y análisis de restos óseos en casos forenses. (2009, Instituto Nacional de Antropología e Historia – México)	○	○	○	○	• Define "Forense" y "Tafonomía forense".
Antropología forense y osteología: Aplicación de técnicas geofísicas en prospección arqueológica de casos forenses. (2003, Guatemala)	○	×	×	×	• Sugiere un "muestreo de suelos". • Resalta la importancia de realizar un reconocimiento previo del área para verificar anomalías del terreno. • Necesidad del uso de herramientas que ayuden a ver diferencias en el terreno geofísico.
Huesos y humanidad. Antropología forense y su poder constituyente ante la desaparición forzada. (2015, México)	×	×	○	×	• Diferenciación en los conceptos de "enterramiento", "tumba" y "sepultura". • Clasificación de enterramientos en "colectivo" y "múltiple".

Fuente: elaboración propia.

Como podemos derivar del análisis, los protocolos de actuación e intervención en materia de fosas clandestinas que existen, no solo en nuestro país, sino en Latinoamérica, son variados y con diferentes perspectivas. Estos protocolos abordan puntos importantes acerca de los indicios que deben buscarse; sin embargo, también omiten mencionar o aclarar lo relativo a cómo debe realizarse correctamente una intervención. Además, están enfocados no de forma multidisciplinaria o interdisciplinaria, sino enfocados en una sola área de especialidad (*uni* o *mono* o *intra* disciplinarios).

Aunado a lo anterior, se realizó la recolección de los protocolos y documentos más relevantes en materia de desaparición de personas e intervención en fosas clandestinas, con la finalidad de realizar una comparativa y un análisis entre ellas que permitiera establecer los parámetros en común y las recomendaciones plasmadas, las cuales fueron de utilidad en la etapa experimental de este trabajo. De entre los elementos recabados durante la investigación documental se eligieron nueve documentos base para su análisis:

1. Protocolo para el tratamiento e investigación forense (PGR, México)
2. La importancia del proceso de investigación forense en casos de desaparición forzada (Equipo mexicano de Antropología Forense A.C., México)
3. Situación de Fosas Clandestinas en México (México)
4. Ley general en materia de desaparición forzada de personas, desaparición cometida por particulares y del sistema nacional de búsqueda de personas. (México)
5. Arqueología y antropología forense: el caso de los cazadores guanajuatenses (Universidad Autónoma de Zacatecas, México)
6. Protocolo de Minnesota sobre la investigación de muertes potencialmente ilícitas. (Naciones Unidas/Derechos humanos, Nueva York/Ginebra)
7. Fundamentos de Antropología Forense: Técnicas de prospección, exhumación y análisis de restos óseos en casos forenses. (Instituto Nacional de Antropología e Historia, México)

8. Antropología forense y osteología: Aplicación de técnicas geofísicas e prospección arqueológica de casos forenses. (Guatemala)

9. Huesos y humanidad. Antropología forense y su poder constituyente ante la desaparición forzada. (México)

Al realizar el análisis de estos protocolos se pudieron derivar vertientes en común, de tal forma que para poder apreciarse mejor se realizó un cuadro comparativo con las mayores fortalezas de cada documento, gracias al cual se pudo establecer los documentos que se utilizarían como base para la parte experimental. De este primer análisis de los protocolos se observa los siguiente.

El *Protocolo para el tratamiento e identificación forense* no abarca ninguna de las categorías propuestas, sin embargo, realiza una serie de observaciones importantes, principalmente cuando se encuentran prendas de vestir y su debido tratamiento. Las prendas son uno de los indicios que puede ofrecer información y en algunos casos quizá la única información concerniente al momento en que ocurrieron los eventos delictivos. La documentación de las prendas se puede incluir en bases de datos para la identificación de personas desaparecidas, propiamente el estudio de las prendas de vestir no identifica a la persona, más bien permiten cerrar la probabilidad de que pertenezcan a una persona desaparecida quien portaba ropas con similares características.

Del estudio de dichos protocolos, dos de ellos son los que cubren la totalidad de las categorías propuestas: a) *Situación de fosas clandestinas en México* y b) la *Ley general en materia de desaparición forzada de personas, desaparición cometida por particulares y del sistema nacional de búsqueda de personas.* Esta última, a pesar de ser una ley, brinda directrices para el desarrollo de una investigación en el tema de desaparición de personas en sus diferentes modalidades. Al cumplir con la totalidad de las categorías se interpreta que abarca las principales temáticas en el tratamiento de fosas clandestinas y del procesamiento de un lugar de investigación. Además de lo anterior, dichas directrices aportan elementos como el desarrollo de un banco nacional de datos forenses para las personas desaparecidas.

Otros protocolos cubren alguna de las categorías propuestas, pero principalmente sus aportes son en rubros como los derechos de las víctimas y el derecho de los familiares a ser informados sobre las causas de la muerte, la dignidad de la persona fallecida, conceptos de análisis que influyen en el procesamiento como ´fosa primaria´ y ´fosa secundaria´, la aplicación de términos como ´tafonomía forense´, uso de herramientas e instrumentos para el estudio del terreno geofísico, el reconocimiento y análisis del terreno y la propuesta para el uso de términos como ´enterramiento´, ´fosa´, ´sepultura´ y ´enterramientos colectivos´. Esta aportación de los protocolos y documentos analizados permiten coordinar las principales temáticas de las fosas clandestinas con la preparación, desarrollo y análisis de la práctica controlada. Una vez teniendo presente este primer acercamiento teórico y propuesta metodológica que los protocolos y documentos aportaron, se definió la ruta para presentar la ejecución del trabajo de campo.

V. LAS PRÁCTICAS CONTROLADAS DEL PROYECTO DE INVESTIGACIÓN

Respecto de las prácticas controladas fue una actividad entre el estudio de los protocolos y leyes que dan directrices para el procesamiento de las fosas clandestinas. Fue estructurada en planeación, preparación, desarrollo y aplicación de las recomendaciones de los protocolos en la planeación de la práctica. Durante la preparación participaron expertos y académicos de la universidad, quienes emitieron una serie de recomendaciones para la ejecución de la práctica controlada. Ese momento fue aprovechado para realizar las entrevistas libres aplicadas en el desarrollo amplio de la práctica. En la preparación de la práctica controlada fue necesario realizar una excavación de 1.5 por 1.5 metros de ancho y una profundidad de 1m, en la cual se depositaron diferentes indicios, tales como restos óseos humanos, pertenencias que consistieron en aretes, pulsera, bala y casquillo, material para la preparación, procesamiento, inhumación y excavación, embalaje y traslado. La presente investigación se sustentó mediante un proceso de experimentación, que consiste en someter a prueba el objeto de estudio y las teorías ya analizadas con el objetivo de obtener datos precisos para el caso en concreto.

A continuación, se describe de manera general el desarrollo en el manejo de la osamenta y su utilización en el procesamiento controlado:

Extracción de elementos óseos del contenedor en el que fueron entregados. Osamenta donada a la Universidad Autónoma de Querétaro. Primero se hizo una revisión del contenido que se encontraba en una caja de cartón envuelta en una franela de color roja. Este primer reconocimiento se hizo en el laboratorio de criminalística de la Universidad Autónoma de Querétaro y con el apoyo de expertos en Antropología Forense, Criminalística de Campo y Criminalística de Laboratorio. Ya una vez extraídos los elementos óseos se realizó el inventario y lateralización de la osamenta coordinada por el Dr. Alejandro Aguirre, del área de medicina legal.

También fue necesario la toma de muestras para extracción de ADN de elementos pilosos y médula ósea. El estudio fue realizado por una genetista, la Dra. Rosa Marta Pérez. Mediante el uso de herramientas estériles se realizó el raspado de células óseas de huesos que se encontraban fragmentados o con roturas y se programó la extracción del ADN. Una vez realizados los estudios y preparativos anteriores, se hizo una limpieza de sedimento en los restos óseos con ayuda del especialista en antropología forense Joel Torices, quien dio indicaciones de cuál debería ser el tratamiento correcto para la limpieza preliminar. Esto se realizó mediante el cepillado con brochas de diferentes tamaños y grosores. Con ello se logró la deshidratación y desinfección de elementos óseos.

Mediante el uso de técnicas en las que se utilizó agua a punto de hervir con disolución de cal, se realizó la primera limpieza de los restos, para lo cual se les quitó el sedimento que se encontraba adherido y que no fue posible retirar con las brochas. Posteriormente se secaron los restos para después sumergirlos en una solución a base de cloro y agua para su desinfección, y de esta forma evitar el riesgo biológico. Posteriormente se secaron los huesos. Con lo anterior, se necesitó aplicar barniz a los restos óseos, con la finalidad de sellar los restos y protegerlos de humedad y agentes del medio ambiente que los pudieran degradar; esto permitió además que se pudieran manipular de forma segura. Una vez aplicado el barniz se le asignó un número de identificación a cada resto óseo, para lo cual se hizo un inventario y contabilización de los huesos.

Ya con la osamenta preparada, ahora fue necesario el sondeo del terreno para la realización de la fosa. Con la ayuda del experto Joel Torices, se realizó un sondeo preliminar en el área en la que estaría la fosa, a efecto de verificar si el terreno era adecuado, además de las medidas que tendrían que tomarse y en caso de necesitar algún material o requisito en específico. Con lo anterior se realizó la excavación de la fosa. La práctica controlada a partir de la exhumación estará regida bajo los pasos propuestos en el Protocolo para el tratamiento e identificación forense. Para la excavación de la fosa se tomó un tiempo de cuatro horas en los que se intercaló la *participación de dos personas como excavadores. Asimismo, para mantener la* uniformidad de la fosa en la profundidad se fue midiendo en varios puntos de ésta hasta garantizar que estuviera a 1m de profundidad. Ya teniendo la preparación de la osamenta y la excavación, se inhumaron los restos óseos. Para todas estas actividades se contó con el apoyo de expertos en áreas de Criminalística de campo, Antropología forense y Medicina Forense, los cuales se presentaron durante la etapa inicial del mismo y en la que hicieron sugerencias sobre el caso a representar.

Posteriormente, se llevó a cabo la exhumación de los restos óseos. Por medio de una excavación progresiva por dos niveles principales de 46 cm y 92 cm desde el nivel cero; sin embargo, antes de completar el segundo nivel se apreció el hallazgo de los elementos que estaban inhumados. Una vez realizado esta excavación se recuperaron los indicios junto con los elementos óseos, lo que permitió realizar su embalaje siguiendo las recomendaciones propuestas en los protocolos analizados, con la finalidad de preservar en mayor medida los restos tal y como se encontraron. De todo lo anterior, en las actividades donde se desarrollaron procesamientos quedaron registros mediante la documentación propia para dichos estudios que comprende hojas de trabajo, claquetas, cadena de custodia e informes. En los casos donde no hubo procesamientos fue documentado por medio de notas y registros de campo.

Durante el desarrollo metodológico del proyecto fueron aplicadas una serie de entrevistas libres a los expertos que apoyaron con sus observaciones y recomendaciones. Esta forma de hacer entrevista en el desarrollo del proyecto o en una actividad especifica permite que se cumplan dos objetivos principales: a) la aplicación directa del experto en una etapa del desarrollo de la investigación y b) sus recomendaciones directas por medio de la entrevista en la misma actividad. De esta manera se describen los puntos principales de dichas recomendaciones durante las entrevistas.

Para los fines de esta investigación se creó un documento de consentimiento informado, el cual tuvo como propósito realizar una descripción del proyecto y la forma en la que se tratarían los restos donados, esto para que el familiar donante estuviera enterado de cada uno de los procedimientos a seguir y pudiera dar o negar la autorización sobre el tratamiento a los restos óseos de su familiar, así como para poder expresar cualquier duda o inquietud que pudiera surgir de este procedimiento. La recomendación de este procedimiento surgió por medio de una entrevista con los diversos especialistas que participaron en el desarrollo de una actividad en la preparación de la práctica controlada, lo que permitió que posteriormente nos asesorara la Licenciada María Guadalupe García, quien ayudó desde la creación del consentimiento informado y en la cita y revisión del mismo.

Para la preparación de la osamenta y en las entrevistas, tanto el Dr. Dr. Alejandro Aguirre y el antropólogo Joel Torices, hicieron hincapié en el manejo seguro de la osamenta, pues en el caso de exhumaciones de restos humanos en fosas clandestinas con frecuencia la muerte se deriva de una causa violenta. Sin embargo, esto no es definitivo, ya que pueden existir casos en los que la muerte haya sido resultante de enfermedades, razón por la cual es importante considerar en todo momento que los intervinientes pueden estar expuestos a agentes tóxicos por efectos del cuerpo o patógenos y al riesgo de contagio en caso de no tomar las medidas y precauciones necesarias al momento de entrar en contacto con los restos humanos que se estarán tratando. Es de vital importancia considerar el riesgo de exposición a cualquier agente que pueda estar presente ya sea en los restos humanos o en cualquier objeto, indicio o material cercano a estos. El patógeno puede transmitirse de diversas formas, como exposición por inhalación, ingestión, punción de la superficie corporal o contacto directo con mucosas del cuerpo (ojos, nariz y boca principalmente), por lo que debe priorizarse el uso de protección de bioseguridad.

Para el procesamiento de la osamenta y en futuras actuaciones en casos reales, el maestro Eloy Rogelio Ávila Carrillo, orientó sobre la correcta documentación: desde la extracción del contenedor origen, su documentación descrita y fotográfica, después la descripción al momento de lateralizar la osamenta, la descripción por secciones y numeración en ese primer momento. El embalaje por secciones de huesos largos y cortos, la identificación de dichos embalajes y su correcto resguardo.

Por parte de la Dra. Rosa Marta Pérez Serrano, en su participación y entrevista, realizó la toma de muestras para extracción de ADN de la médula ósea para huesos y fibras de cabello. Sus recomendaciones se centraron en la seguridad biológica al momento de realizar el estudio, la colocación del equipo completo y estéril de bioseguridad, se colocó un campo estéril sobre la mesa de trabajo. Los restos seleccionados para la extracción fueron: huesos de costilla, sacro y hueso de la mano, los cuales contaban con alguna rotura o fragmentación propicia para la actividad. Fueron localizados y extraídos de los embalajes en los que se encontraban y se fueron posicionando sobre la mesa de trabajo. Mediante la aplicación de solución salina estéril en la zona de la rotura se realizó la hidratación parcial de los huesos, posteriormente se hizo uso de la herramienta sonda periodontal estéril, la cual cuenta con una textura delgada y dentada, lo que posibilitó que se llevara a cabo un raspado con la finalidad de obtener células óseas.

Por parte del antropólogo Joel Torices, durante la entrevista activa emitió la recomendación para el diseño de estrategias sobre los procedimientos que debían seguirse para la correcta limpieza, desinfección y preservación de los restos óseos donados con la finalidad de que estos se encontraran protegidos contra el deterioro en todo momento, además de reducir al mínimo cualquier riesgo biológico que pudiera estar implicado con su manipulación. A partir de esta estrategia, por parte de las dos intervinientes en esta investigación, se realizó una limpieza de los restos humanos para retirarles el sedimento a nivel superficial; esto se realizó después de la toma de muestras para extracción de ADN con la finalidad de que los productos no alteraran, de ninguna forma, la información genética de los restos, preservando las propiedades originales de las mismas.

En la entrevista realizada con el Dr. Santiago Vergara Pineda, emitió las siguientes recomendaciones: Realizar una estratografía periódica para monitorear ruptura de las capas de la tierra. Buscar apoyo interdisciplinario con investigadores de geociencias, medicina forense, veterinaria y biología quienes aportarían elementos más integrales para el estudio. En una práctica controlada se recomienda tener por lo menos medio metro y un metro y medio de profundidad para comparativa si son tres; si sólo es un enterramiento, debe hacerse entre un metro y un metro y medio de profundidad, y a un mismo tiempo se debe llevar un registro de características con medicina forense al desenterrar para conocer cambios en el cuerpo. En el terreno utilizar un termohigrómetro para medir temperatura y humedad, registros de características en el ambiente, vegetación, describirlos con puntos GPS para ubicar zona.

VI. EL CASO ESPECÍFICO DEL *PROTOCOLO HOMOLOGADO PARA LA BÚSQUEDA DE PERSONAS DESAPARECIDAS Y NO LOCALIZADAS*

Este protocolo fue publicado en el Diario Oficial de la Federación el día 06 de octubre del 2020, mucho después de la fecha de cierre del presente proyecto de investigación. Sin embargo, dada la importancia de su contenido, consideramos pertinente compartir una breve descripción del alcance que reviste en lo relativo a uno de los puntos centrales de este proyecto: la multi e inter disciplinariedad necesaria e idónea en las acciones de obtención de restos humanos.

Un primer aspecto a destacar es la cuestión del adjetivo 'homologado', aspecto que no se refiere a la homologación de metodologías, sino a lo relativo al conjunto de instituciones (locales, nacionales e internacionales) y sus respectivos procedimientos enfocados tanto a la investigación de delitos en contra de personas desaparecidas como a la búsqueda de personas desaparecidas y del derecho de toda persona a ser buscada. De hecho, en la exposición de motivos se advierte que

> *"... es importante mencionar que los estándares desarrollados hasta fecha reciente, tanto a nivel nacional como internacional, son en su mayor parte aplicables en la investigación de delitos cometidos en contra de personas desaparecidas, pero no existe un grado comparable de desarrollo en materia de búsqueda de personas desaparecidas y del derecho de toda persona a ser buscada."*[14]

---

14 Comisión Nacional de Búsqueda. Sistema Nacional de Búsqueda de Personas, *Acuerdo SNBP/002/2020 por el que se aprueba el Protocolo Homologado para la Búsqueda de Personas Desaparecidas y No Localizadas*, Ciudad de México, Diario Oficial de la Federación, 06 de octubre del 2020. Recuperado de https://www.dof.gob.mx/nota_detalle.php?codigo=5601905&fecha=06/10/2020&print=true

En otras palabras, lo que se homologa son las acciones relativas a la búsqueda y a la investigación de personas desaparecidas, mas no la metodología, propio de las investigaciones interdisciplinarias. Queda ahora por describir en qué medida se acerca al punto central (no el único) del presente proyecto, es decir, en qué medida y cómo se concibe el trabajo multi y, en su caso, inter disciplinario de las diversas áreas de conocimiento intervinientes respecto de los procedimientos para obtención de restos humanos localizados en fosas clandestinas. El Protocolo hace mención a la *inter* y la *multi* disciplinariedad en varios rubros:

a) En el apartado *Conceptos básicos.* En el Protocolo se definen un conjunto de vocablos (variables) que forman parte del acervo conceptual recurrido a lo largo del documento. Es en el primero de los conceptos a definir en donde se hace mención, y se trata del término 'análisis de contexto':

b) "Conjunto **multidisciplinario** de técnicas de producción, recopilación y procesamiento sistemático de información encaminado a identificar patrones en la desaparición y no localización de personas, sus causas y las circunstancias que las propician, incluyendo patrones de criminalidad y modus operandi de estructuras delictivas, para producir hipótesis de localización y estrategias que orienten acciones de búsqueda, propiciar el desarrollo metodológico de la búsqueda de personas, y asociar casos de espectro común (vid infra, 3). La incorporación de elementos históricos, políticos, sociológicos, antropológicos y victimológicos permite la comprensión de la problemática de la desaparición en general y de las desapariciones particulares. El Análisis de Contexto es un eje transversal para la búsqueda de personas desaparecidas y no localizadas y, consecuentemente, para este Protocolo, por lo que se incorpora su empleo en varios tipos de búsqueda y decisiones…"[15]

c) En el apartado *Tipos de búsqueda*. Dentro de este apartado —enfocado a describir el qué, cómo y cuándo de cada uno de los tipos de búsqueda—, se encuentran otros subapartados. Uno de ellos es el número 4 que se refiere a la denominada "Búsqueda Generalizada" y dentro del cual, a su vez, el 4.7 (*Búsqueda en campo de cuerpos y/o restos humanos no arqueológicos o búsqueda forense*), y el subapartado *6. Procesos de localización*, resultan de nuestro interés. ◊Dentro del 4.7, existen dos subapartados:

   - El 4.7.1 (Obtención y transmisión de información sobre la posible ubicación de contextos de hallazgo y sobre la localización de cuerpos y/o restos humanos, competencia para la prospección), se determina que "Cuando la posible ubicación de un contexto de hallazgo sea de conocimiento de una comisión de búsqueda que tenga competencia sobre el punto, debe notificarlo de inmediato a la fiscalía especializada de su entidad, y viceversa. La prospección para ubicar restos en contextos de hallazgo debe emprenderse conjuntamente entre comisiones de búsqueda y fiscalías especializadas, integrando para cada caso un equipo **multidisciplinario** forense que se especialice en búsqueda forense de personas (prospección, excavación, procesamiento de contextos de hallazgo)."[16]
   - El 4.7.2 (Actividades de prospección para ubicar contextos de hallazgo). Aquí se determina que "Los grupos especializados en este tipo de Búsqueda Generalizada deben integrarse en forma **multidisciplinaria**, incorporando especialistas forenses en materia de arqueología y

---

[15] *Ídem.* (Las letras en negritas son de los autores de este ensayo.)

[16] *Ibidem*, p. 61, párr. 380.

antropología, y ser auxiliados por expertos en geología, topografía, criminalística, análisis de imágenes satelitales, entre otros, que formen parte de las fiscalías y procuradurías, las instituciones forenses, las comisiones de búsqueda, o bien independientes que hayan sido convocados por su experticia en un área específica [BGCH27]. De los mismos participan, de acuerdo a las necesidades y posibilidades de las instituciones involucradas: …"[17]

- El 4.7.4 (Identificación de restos humanos o búsqueda de identificación humana). Es lo más cercano al enfoque central del presente proyecto de investigación. En este rubro se establece que "El proceso de identificación humana siempre debe ser **multidisciplinario** e integrado. Es decir, debe realizarse con el cotejo de datos fiscos (ante mortem) de la persona desaparecida y del cuerpo o restos en cuestión (post mortem), incluyendo datos odontológicos, antropológicos, de historia clínica entre otros; y/o cotejo de información genética, y/o dactiloscópica y/o los que sea factible en cada caso. Asimismo, incluirá la comparación de información sobre la desaparición de esa persona con información sobre el contexto de hallazgo del cuerpo o restos. Toda la información debe ser integrada en informes multidisciplinarios de identificación [BGCH38]."[18]

◊Dentro del apartado *6. Procesos de Localización,* se encuentran otros rubros de relevancia para la temática, particularmente a la **transdisciplinariedad**.

- El 6.2 (Localización sin vida). Se refiere a los casos en los que puede iniciarse este proceso y determina lo siguiente:

17 *Ibidem,* p. 62, párr. 387.

18 *Ibidem,* p. 63, párr. 397.

"Las autoridades que ejecutan oficiosamente la Búsqueda Individualizada de la persona (vid supra, 2) son las responsables de la notificación de localización sin vida a su familia. Si la notificación emana de la identificación del cuerpo o restos (*sic*) pero no fueron ellas las que ejecutaron los procesos de identificación, deben solicitar a la institución que los realizó que autorice la participación de sus peritos en el equipo **interdisciplinario**, o, en su defecto, que familiarice a su propio personal técnico o pericial con el caso para que esté en condiciones de explicar a la familia los procedimientos seguidos y aclarar las dudas. Si en la identificación participaron personas expertas o peritos independientes, estos deberán integrarse al equipo **interdisciplinario**. Si la notificación se efectúa a partir de una Búsqueda de Familia, las autoridades que realizaron la identificación son las responsables de realizar la notificación."[19]

...

"En los casos en que la desaparición de la persona localizada sin vida haya estado relacionada con la comisión de cualquier delito en su contra, el equipo **interdisciplinario** debe explicar a la familia el estado de la investigación, cuáles son las autoridades ministeriales responsables de realizarla, los medios para contactarlas y sus derechos como víctimas indirectas del delito. En los casos en que la desaparición no haya estado relacionada con la comisión de un delito, pero del caso se desprenda una posible violación de derechos humanos, debe explicarse esta situación a los familiares y sus implicaciones jurídicas."[20]

d) En el apartado *Mecanismo Extraordinario de Identificación Forense*. Se trata de un mecanismo de carácter extraordi-

---

19 *Ibidem*, p. 81, párr. 516.

20 *Idem*, párr. 521.

nario para el peritaje sobre restos óseos. Se describe de la siguiente manera: "El Mecanismo Extraordinario de Identificación Forense (MEIF) es un mecanismo de carácter extraordinario, **multidisciplinario**, con autonomía técnico-científica, que practicará los peritajes pertinentes sobre los cuerpos o restos óseos que no han sido identificados y sean de su competencia. Como parte de la normativa nacional, el presente Protocolo es de aplicación al MEIF, de conformidad con sus atribuciones previstas en el Acuerdo de creación por parte del SNB."[21]

e) En la sección de los *Anexos*. Dentro de esta sección es el *Anexo 1. Análisis de contexto* el que alude de nuevo a la multidisciplinariedad. En efecto, en el párrafo décimo se enfatiza que "La herramienta del Análisis de Contexto se caracteriza por su **multidisciplinariedad**, ya que la construcción de contextos exige el estudio de fenómenos criminales desde la óptica de diversas disciplinas para así desentrañar los fenómenos delictuales de la macro-criminalidad."[22]

De la revisión del *Protocolo homologado para la búsqueda de personas desaparecidas y no localizadas* podemos derivar las siguientes observaciones. La inclusión de algunas acciones, en clave de multidisciplinariedad, supone un avance cualitativo tanto en materia de investigación de delitos en contra de personas desaparecidas como a la búsqueda de personas desaparecidas y del derecho de toda persona a ser buscada. Se trata de un claro esfuerzo sin precedentes enfocado a la coordinación interinstitucional en las acciones ya descritas; este esfuerzo resulta plausible por el simple hecho de contemplar una dinámica en la que se involucra no sólo un abanico de entidades públicas y de la sociedad civil, sino también por involucrar un conjunto de

---

21 *Ibidem*, 91, párr. 556.

22 *Ibidem*, p. 93.

áreas del conocimiento cuyas aportaciones resultas sumamente valiosas para los objetivos planteados en el Protocolo.

Ahora bien, la cuestión que, desde nuestro punto de vista, merece destacar lo relativo al contenido operativo de la propia multidisciplinariedad, es decir, si se nos permite la expresión, lo que atañe al 'know how' de este tipo de acercamiento o de esta forma de abordar cualquier objeto de estudio bajo un esquema en el que se convoca a una serie de asignaturas. Esta circunstancia no resulta ociosa si se toma en cuenta que en el Protocolo, a pesar de constituir un avance por el hecho de considerar el aspecto multidisciplinario, sólo se limita a eso, a convocar a las diversas áreas del conocimiento, pero queda la duda sobre cómo se procede bajo ese enfoque, cuáles son sus reglas de juego, cómo se procesa la información y, no más importante, cómo se arriba a un nuevo estadio del conocimiento o si, en todo caso, le corresponde en realidad a los estudios transdisciplinarios arribar a este nuevo estadio del conocimiento.

Por otro lado, la investigación sobre fosas clandestinas no se ha desarrollado y sustentando desde una forma técnico-científica adecuada, lo que arroja como resultado que en muchas ocasiones no sea posible la localización y/o el procesamiento debido de las mismas. Lo anterior, sin duda alguna, impacta en la posible la identificación de las víctimas y el esclarecimiento de los hechos. Con la finalidad de realizar un esclarecimiento de lo que ha acaecido se recurre a particulares áreas de conocimiento, así como a los expertos de las mismas, con el objetivo de que puedan intervenir en el fenómeno mediante un estudio integral técnico científico del mismo y particularizando cada caso, sin que ello se traduzca necesariamente en una dinámica coordinada en clave de multi, inter y transdisciplinariedad.

Ahora bien, en cuanto al acercamiento del objeto de estudio, para Garrafa V.[23] lo primero —lo multi— implica convergencia de disciplinas en el tiempo, sobrepasa a cada una de ellas, pero el resultado sigue siendo limitado a la estructura propia del estudio uni/mono-disciplinar, *i. e.*, cada disciplina observa y retiene lo que le interesa y sin compartir nada con las otras. Lo segundo, lo inter, se refiere a una transferencia de métodos de una disciplina hacia otra. Lo tercero, lo trans, indica aquello que está al mismo tiempo entre las disciplinas, a través de las disciplinas y más allá de cualquier disciplina, y en virtud de ello se enfoca hacia la comprensión de la realidad, para la cual uno de los imperativos más importantes es el de la unidad del conocimiento. En otras palabras, "La transdisciplinariedad, en tanto, es un abordaje que va más allá, proporcionando libertad de estar del otro lado sin ser acusados de estar pisando donde no debemos y sin temer serlo."[24]

En este sentido, no sólo resulta necesario conocer su forma de trabajo, sino establecer un plan coordinado en el cual las tareas puedan llevarse a cabo de manera colaborativa. Es muy común que un investigador de determinada disciplina no conozca el alcance de los demás participantes con quienes se asocia la investigación. Tal desconocimiento es lo que impide que se ejecute una investigación que abarque las tres dimensiones deseables: lo multi, inter y transdisciplinariedad, lo que implicaría una integración de diferentes áreas de estudio, aportando desde sus métodos y técnicas, con un mismo propósito o finalidad. La antropología jurídica, por ejemplo, entiende la interdisciplinariedad como el resultado siempre de la acción de un colectivo en el cual colaboran y se involucran especialistas de las diferentes disciplinas, cuyo éxito depende tanto de la calidad académica

---

[23] Garrafa, Volnei, *Multi-inter-transdisciplinariedad, op. cit.*, pp. 69 y 70.

[24] Garrafa, Volnei, *Multi-inter-transdisciplinariedad, op. cit.*, p. 71 (veáse nota 7).

y profesional de cada uno de los miembros participantes como de una organización adecuada de la cooperación entre ellos.[25]

VII. CONCLUSIONES

A partir de las acciones descritas en los párrafos precedentes, y a partir del análisis de los diversos ordenamientos y protocolos que se describieron (tanto nacionales como internacionales), se obtuvo que los mismos están orientados para condiciones particulares y de diversa naturaleza, lo que advierte la necesidad y la importancia de protocolos estandarizados —en los términos aquí planteados— que permitan una mejor aplicación y una homologación de la información para intervenciones en casos de fosas clandestinas a lo largo del país. Este mismo análisis y derivado de las prácticas controladas, resultó posible identificar las mejores prácticas en materia forense para el tratamiento, gestión y procesamiento de cadáveres y restos óseos localizados en fosas clandestinas. Asimismo, se muestra una determinada eficacia de los protocolos nacionales establecidos y se obtiene como resultado a) la necesidad de trazar nuevas líneas de acción en las áreas de oportunidad que sean detectadas, b) el manejo del lugar de investigación y su correcta planificación, organización y coordinación de los trabajos que se llevarán a cabo, c) además de la gestión con el personal que estará relacionado en cada una de las tareas. Esto genera que la recopilación de información surja de una forma más sistematizada, lo que permitirá mejores resultados, así como el apego a las diversas disposiciones en materia de derechos humanos, sin dejar de mencionar el anhelado trato digno tanto a los restos como a los familiares de las víctimas.

---

25 Krotz, Esteban, "Sociedades, conflictos, cultura y derecho desde una perspectiva antropológica", en Krotz, Esteban (ed.), *Antropología jurídica: perspectivas socioculturales en el estudio del derecho,* México, Anthropos, 2002, p. 13.

La sistematización de la información asociada a las mejores prácticas en los procesos y protocolos de actuación para el manejo de restos humanos no identificados en fosas clandestinas, nos permitió concluir que, si bien es cierto las áreas que auxilian a la procuración e impartición de justicia en el ámbito forense cuentan con métodos y técnicas especializadas y ampliamente conocidas por quien las aplica, también lo es que cuando dos o más investigadores van a colaborar en la investigación de un caso, no se observa una coordinación en clave, por lo menos *multi* e interdisciplinaria de las áreas de conocimiento intervinientes, por lo que se sostiene como necesario conocer el trabajo del otro u otros investigadores, máxime cuando en la actualidad la multidisciplinariedad constituye sólo el primer paso: aglutinar, *i. e.*, convocar a las disciplinas requeridas por el propio objeto de estudio, para de ahí proceder de acuerdo con las reglas de juego de las investigaciones interdisciplinarias: a) se identifica una problemática de tal importancia y alcance que rebasa el propio de una disciplina específica; b) los miembros de las diversas disciplinas crean conjuntamente un modelo mediante el cual se puede comprender la problemática referida; c) construyen, comparten tanto un mismo marco conceptual como el objeto de estudio; d) además de conocer la forma de trabajo, resulta inaplazable establecer un plan coordinado para el desarrollo de las tareas puede llevarse a cabo de manera colaborativa. Es decir, se menciona en una multiplicidad de ocasiones la importancia de la colaboración interdisciplinariedad, pero se actúa, en el mejor de los casos, desde la multidisciplinariedad, lo que implica quedarse en un estadio ya rebasado de la investigación. Este fenómeno se presenta de manera muy marcada en las investigaciones desarrolladas tanto en instituciones educativas (universidades públicas) como gubernamentales.

Respecto a las áreas de oportunidad existen diferentes vertientes a partir del procedimiento en el que todas las ciencias forenses pueden intervenir. En el procedimiento se observaron áreas de investigación que aún no están siendo explotadas, las cuales podrían aportar información sumamente relevante para el caso de localizar y determinar la temporalidad de una fosa clandestina. Se considera que estas investigaciones se pueden realizar a través de la documentación de los casos ya existentes, pues son los que se podrían tomar como antecedentes. Tal es el caso de la botánica, en su aplicación forense. Por ejemplo, durante la práctica controlada y el tiempo que se dejó asentarse a la tierra de la fosa se descubrieron brotes de pasto, por lo que podría ser un buen estudio complementario para conocer la fecha en la que se realizó la fosa, también un registro del hundimiento que se realiza en la tierra, si este es progresivo o no, así como los cambios en la vegetación de los alrededores, tales como cambio de coloración, crecimiento, entre otras.

Se deja, además, carta abierta y una invitación a que los profesionales de las ciencias forenses puedan investigar y documentar los casos de fosas clandestinas en temas como exposición al medio ambiente, procesos de putrefacción y cambios en los enterramientos durante el proceso de inhumación, también se concluye sobre la necesaria colaboración con instituciones o asociaciones civiles para un intercambio de información en materia de localización de restos óseos.

VIII. FUENTES CONSULTADAS

Comisión Nacional de Búsqueda. Sistema Nacional de Búsqueda de Personas. *Acuerdo SNBP/002/2020 por el que se aprueba el Protocolo Homologado para la Búsqueda de Personas Desaparecidas y No Localizadas*, Ciudad de México, Diario Oficial de la Federación, 06 de octubre del 2020. Recuperado de https://www.dof.gob.mx/nota_detalle.php?codigo=5601905&fecha=06/10/2020&print=true

Comisión Nacional de los Derechos Humanos. *Informe Especial de la Comisión Nacional de los Derechos Humanos sobre desaparición de personas y fosas clandestinas en México.* México, CNDH, 2017.

Garrafa, Volnei. *Multi-inter-transdisciplinariedad, complejidad y totalidad concreta en bioética.* Ciudad de México, IIJUNAM, 2005.

Goldhagen, Jonah. *Peor que la guerra: genocidio, eliminacionismo y la continua agresión contra la humanidad.* España, Taurus, 2010.

González Núñez, Denise et al. *Violencia y terror. Hallazgos sobre fosas clandestinas en México 2006-2017.* México, Universidad Iberoamericana, 2019.

Krotz, Esteban. "Sociedades, conflictos, cultura y derecho desde una perspectiva antropológica", en en Krotz, Esteban (ed.), *Antropología jurídica: perspectivas socioculturales en el estudio del derecho,* México, Anthropos, 2002.

Mate, Reyes. "En torno a una justicia anamnética", en *La ética ante las víctimas,* ed. José María Mardones y Reyes Mate, Barcelona, Anthropos, 2003.

Rabinovich, Silvana. "Libertad y responsabilidad desde la mirada de las víctimas", en *La ética ante las víctimas,* ed. José M. Mardones y Reyes Mate. Barcelona, Antrophos, 2003.

Vázquez, Rodolfo. *Derechos humanos. Una lectura liberal igualitaria.* Ciudad de México, IIJUNAM, 2015.

Autonomía para adultos mayores en la ciudad desde el principio de progresividad en la actuación administrativa

ALINA DEL CARMEN NETTEL BARRERA[1]
GERARDO ALAN DÍAZ NIETO[2]

SUMARIO: I. INTRODUCCIÓN II. DEL ÁMBITO JURÍDICO AL POLÍTICO Y VICEVERSA III. LA ACTIVIDAD DE FOMENTO Y LA PRESTACIÓN DE SERVICIOS PÚBLICOS IV. BENEFICENCIA Y SERVICIOS SOCIALES V. CONCLUSIONES VI. FUENTES CONSULTADAS.

1 Doctora en Derecho por la Universidad de Barcelona. Profesora investigadora de tiempo completo e integrante del Cuerpo Académico Consolidado "Derechos Humanos y Globalización", de la Facultad de Derecho de la de la Universidad Autónoma de Querétaro; Miembro del Sistema Nacional de Investigadores (SNI I).

2 Doctor en Derecho por la Universidad Autónoma de Querétaro. Profesor investigador de tiempo completo e integrante del Cuerpo Académico Consolidado "Derechos Humanos y Globalización", de la Facultad de Derecho de la de la Universidad Autónoma de Querétaro; Perfil Deseable PRODEP; Miembro del Sistema Nacional de Investigadores (SNI I); correo: gadn84@hotmail.com.

RESUMEN: El Estado se encuentra obligado a garantizar la movilidad ésta a la luz de la autonomía de los adultos mayores, requiere la incorporación de medidas cautelares positivas tanto en vía administrativa como jurisdiccional. El texto analiza la actividad de fomento, frente a la actividad de servicios públicos, como presupuesto de la exigibilidad de las medidas cautelares.

PALABRAS CLAVE: derecho administrativo, adultos mayores, derechos humanos.

I. INTRODUCCIÓN

El derecho administrativo, como área del conocimiento jurídico, es un ámbito de coyuntura entre el poder y la vulnerabilidad, entre la discrecionalidad y la estricta legalidad, entre las buenas expectativas y las omisiones. Cuando el derecho administrativo actúa en torno a grupos vulnerables, tradicionalmente, hemos hablado de buena voluntad política en vez de deberes de actuación. Esto es así porque la historia nos recuerda a cada momento que el régimen jurídico de la Administración pública parece venir y regresar al ámbito político sin cesar. Sin embargo, también debemos recordar que el derecho administrativo constituye el estatuto jurídico de actuación de uno de los poderes públicos más influyentes -si no el más influyente- en la calidad de vida de las personas que habitamos un país. Se trata, en términos doctrinales, del área del derecho que establece el régimen jurídico de actuación de las autoridades administrativas, esas autoridades administrativas que se ajustan al principio de legalidad. Ahí en donde la ley dice que debe actuar o no debe hacerlo; lo que nos habría de dejar muy claro el panorama, ahí donde la ley dice que la autoridad debe proveer, crear, otorgar, garantizar, las facultades discrecionales, la omisión disfrazada de discrecionalidad o la benevolencia no juegan.

En este panorama se desarrolla el presente trabajo, en torno, a uno de los temas más representativos para las autoridades mexicanas en las próximas décadas, la autonomía de los adultos mayores. Se trata, en definitiva, de uno de los colectivos menos exigentes, en buena medida, porque les correspondió vivir una época de derecho administrativo "del gobierno" en el que lo que diese la autoridad sería bienvenido y, de acuerdo, porque el presupuesto no alcanza... esta referencia ciertamente sarcástica a una época bien definida por el escaso cumplimiento de los derechos sociales, se consagró jurisprudencialmente en la tesis de los derechos programáticos sobre aspectos esenciales de la vida, como agua, salud o educación. Actualmente nos ocupa el derecho a la accesibilidad o movilidad personal en el marco de las legítimas expectativas de las personas adultas mayores de desenvolver su actividad a pesar de que encuentran entre las dificultades más recurrentes, las limitaciones propias del deterioro físico natural del cuerpo humano. La problemática de este texto no radica en las razones o el por qué requieren movilizarse sino en el simple hecho de la vida de los adultos mayores en la vía pública. Ya sea para recurrir al esparcimiento, a la atención médica o a la necesidad de continuar ejerciendo actividades económicas ante la falta de una pensión suficiente, lo cierto es que las personas adultas mayores no tienen por qué destinarse al ámbito doméstico si no es su decisión.

El problema de investigación radica en la visión distorsionada que se tienen en lo político y lo social del cumplimiento de las obligaciones jurídicas en materia de infraestructura para la movilidad de las personas adultas mayores. Esta problemática en buena medida tiene causa en la distorsionada visión del ámbito jurídico en torno a las políticas públicas y cómo éstas se relacionan con el derecho provocando los deberes de actuación; asimismo, tiene causa en la incomprensión de la distinta naturaleza entre la actividad de fomento y la actividad prestacional o de servicios público y cómo es el propio legislador quien, a menudo, no hace una distinción correcta del deber de actuación en este sentido. Finalmente, el texto explica la diferencia entre beneficencia y servicio público, justamente porque es habitual que todos aquellos aspectos que refieren a la vulnerabilidad de los adultos mayores se deseen gestionar a través de mecanismos de beneficencia pública o privada existentes, sin percatarse que se trata de obligaciones impuestas por la norma para la actuación administrativa, ya sea a través de infraestructura urbana o a través de servicios públicos. La hipótesis que se sostiene es que la deficiente infraestructura que habría de garantizar la movilidad de los adultos mayores es consecuencia de la incorrecta identificación de la naturaleza jurídica de las obligaciones de actuación para lograr este fin. En este sentido, se ha llevado a cabo un análisis hermenéutico del significado que tiene la política pública en el derecho administrativo y su impacto en la actividad de fomento, servicios públicos y beneficencia en el cumplimiento de los fines de la norma. Las técnicas de investigación han sido documentales en torno a la legislación, la doctrina y la jurisprudencia.

II. DEL ÁMBITO JURÍDICO AL POLÍTICO Y VICEVERSA

La tutela de las personas adultas mayores (PAM) y en particular de su autonomía, es un tema jurídico basado en las nomas que establecen obligaciones para las autoridades administrativas. Sin embargo, la gestión de estas actividades parte de un ámbito más complejo, el de las políticas públicas porque, a pesar de ser un tema que redunda en los derechos reconocidos en las normas para los adultos mayores lo cierto es que, tradicionalmente, estos derechos se materializarán en la medida que las prioridades del gobierno en turno enfoquen su presupuesto. Esta realidad debe atajarse en el estudio de las distintas formas de actuación administrativa identificándose la autonomía como efecto de la prestación de adecuados servicios públicos. En la misma media, podemos prever su exigibilidad, incluso, a través de medidas cautelares. La actividad del Estado, frente a las necesidades de los adultos mayores, será directamente proporcional a la legislación que establezca deberes de actuación o a la discrecionalidad que se permita a través de la actividad de fomento. En el caso de esta última, a partir de la política definida, se pondrán en marcha los programas y el ejercicio presupuestal anudado a ellas.

Es importante tener un panorama claro ante la diferente naturaleza jurídica de las políticas públicas y su traducción, por demás legítima, en la discrecionalidad típica de la actividad de fomento respecto de los deberes de actuación propios de los servicios públicos y la calidad con la que estos se ofrecen. Por una parte, la política pública, orienta en la dimensión de gobierno. En este sentido, la conformación de la política pública como disciplina (distinta a administración pública y a la teoría política) ha tenido que superar algunos desafíos. En su origen, los años cincuenta, la política pública se conceptualiza para explicar o sistematizar el proceso de toma de decisiones de la dimensión política para llevarlo al campo de la acción en la gestión administrativa[3]. En México, la recepción de la política pública responde a la necesidad de enfrentar una crisis fiscal y la urgencia de frenar el abuso de los recursos públicos con acciones espontáneas y como burdo mecanismo de "comunicación" gubernamental con la sociedad[4]. El deber de actuación está establecido en la norma con un sujeto obligado y otro habilitado a exigir su cumplimiento. Las políticas públicas normalmente provocarán normas o desenvolverán las que existen, pero no establecen obligaciones de actuación (más o menos definidas) hasta en tanto la norma no publifique una necesidad como servicio público. De ahí que es importante tener presente que estos dos ámbitos se comunican y complementan, pero no son sinónimos. A esta diferencia debe agregarse una cuestión de suma importancia, los deberes de actuación no siempre constituyen derechos públicos subjetivos, pues a veces los

---

3 En torno al surgimiento de la política pública como una disciplina, véase, AGUILAR VILLANUEVA, Luis, "Marco para el análisis de las políticas públicas", Política pública y democracia en América Latina, México, EGAP/Miguel Ángel Porrúa, México, 2009; GONZÁLEZ TACHIQUÍNM Marcelo, El estudio de las políticas públicas: un acercamiento a la disciplina, en Quid Juris, Vol. 2, 2005, pp. 99-118; y como referente la obra original de LASSWELL Harold y LERNER Daniel, *The policy sciences: Recent developments in scope and method, Stanford University Press,* Palo alto, 1951.

4 AGUILAR VILLANUEVA, Luis, Gobierno y administración pública, Fondo de Cultura Económica, México, 2013, pp. 147-153.

primeros, se imponen por la norma a las autoridades sin hacer referencia expresa a la prerrogativa o derecho del particular. La importancia de este comentario radica en que tradicionalmente a un deber de actuación no se le otorga el criterio de exigibilidad como a un derecho, pero esto es una equivocación, es regresivo a la luz de la progresividad de los derechos humanos. Allá donde el ordenamiento imponga una actuación específica para una autoridad, debemos exigir su cumplimiento.

La referencia a las políticas públicas tradicionalmente responde a la necesidad de justificar el cómo y el porqué de la actuación o inactividad administrativa. En parte, esta circunstancia se justifica en el ejercicio de facultades discrecionales, pero definitivamente no cuando justifica el **incumplimiento** de deberes normativos. Un ejemplo de esta confusión y utilización imprecisa lo podemos encontrar también cuando se hace referencia al desarrollo u omisión -de una política pública- por igual entre el ámbito político y el jurídico administrativo. Es decir, cuando el efecto jurídico y el político del incumplimiento de una política pública es indistinto. Por otra parte, es interesante distinguir cuando nos encontramos en el análisis político - constitucional, pues el contexto de este tipo de disertación provoca que la diferencia entre el nivel de concreción constitucional y el técnico operativo de las políticas públicas sí permita contener en un mismo criterio lo político y lo jurídico contrapuesto a lo constitucional en términos axiológicos y morales[5].

---

5 En este sentido, véase, LARRAÑAGA, Pablo, "Constitucionalismo económico, políticas públicas y derechos humanos", en *Derechos del pueblo mexicano. México a través de sus constituciones*, Sección Segunda, Vol. V, Transversalidad constitucional con perspectiva convencional, IIJ UNAM-Cámara de Diputados-Porrúa, México, 2016, pp. 880.

III. LA ACTIVIDAD DE FOMENTO Y LA PRESTACIÓN DE SERVICIOS PÚBLICOS

Como fue señalado en la introducción, uno de los aspectos más complejos de la problematica es distinguir cuándo estamos frente a la actividad de fomento y cuándo frente a la actividad prestacional o de servicios públicos. A mediados del siglo veinte, el profesor Jordana de Pozas se propuso describir una clasificación de la actividad administrativa que permitiera agrupar la muy dispersa teoría sobre la actividad administrativa especial. Su propuesta explica que entre todas las actividades con las que la administración transforma nuestra realidad podemos distinguir rasgos comunes que se identifican con: la actividad de policía, la actividad de fomento y el servicio público[6]. Esta clasificación ha ido evolucionando hasta nuestros días, en este sentido, podemos identificar cinco formas de actividad administrativa, policía fomento, servicio público y de la primera se desprende la actividad sancionadora y la expropiación. Tras setenta años de trabajo académico, la doctrina administrativista ha explicado cómo la transformación del ámbito público y privado impactó en la clasificación de cinco elementos, toda vez que, cuando los particulares participan con la administración o la administración otorga facultades propias o desregula cambian las dinámicas identificadas en el siglo veinte por Jordana de Pozas, en este sentido, se ha pronunciado la doctrina[7].

La actividad de fomento se desenvuelve en el ámbito de las libertades públicas por la cual la autoridad incentiva a los particulares para actuar y, con ello, alcanzar los fines públicos. Los elementos clave de esta actividad son, el otorgamiento de un

---

6 JORDANA DE POZAS, Luis. Ensayo de una teoría del fomento en el Derecho administrativo, Revista de Estudios Políticos, No. 48, 1949.

7 ESTEVE PARDO, José. Lecciones de Derecho administrativo, 7ª Edición, Marcial Pons, Madrid, 2017, p. 351-353.

beneficio al particular y la contraprestación por parte del particular, la cual cosiste en una actividad que redunde en el interés general. Por su parte, los servicios públicos están publificados por la norma para satisfacer necesidades colectivas[8]. Como hemos dicho, son dos ámbitos jurídico-administrativos de distinto calado. Los servicios públicos son, por supuesto, la actividad más intensa que desarrolla la Administración pública actuando en cada momento, mientras que la actividad de fomento surtirá efectos cuando el particular acepte participar en la actividad incentivada.

La actividad de fomento ha sido tradicionalmente un ámbito de discrecionalidad para las autoridades. Una discrecionalidad deliberadamente manipulada por la ley a favor del clientelismo. Ayuda, apoyo, apoyito, son términos reconocidos por la gente en este tipo de actividad. ¿En el marco de qué competencias se ofrecen este tipo de apoyos? Todas aquellas que se legislan a favor de la legítima incentivación de las actividades, salud, educación, comunicaciones, economía, etc. En el caso de los adultos mayores, incentivar su actividad recreativa, familiar o incluso económica, son parte de las obligaciones previstas en la Ley de los Derechos de las Personas Adultos Mayores (LDPAM). La existencia de una obligación de fomento no predetermina el cómo la cumplirá la autoridad. En este punto radica la discrecionalidad muchas veces vulnerada con una interpretación amplia de la competencia a favor de evadir la responsabilidad de la autoridad. Es decir, la norma establece la competencia y el deber de actuación para incentivar, apoyar, fomentar, o cualquier otro término análogo. La autoridad con ello deberá planear cómo llevará a cabo la ac-

---

8 Sobre servicios públicos y su régimen jurídico administrativo, véase, FERNÁNDEZ RUIZ Jorge, Servicios públicos, Tirant Lo Blanch, México, 2020; RODRIGUEZ LOZANO Luis Gerardo y GONZÁLEZ SOLIS, Juan Marín, Estado y Servicios públicos, Tirant Lo Blanch, México, 2022 y BÉJAR RIVERA José Luis, Una aproximación a la teoría de los servicios públicos, UBIJUS, México, 2012.

tividad desarrollando el programa que corresponda de acuerdo con la Ley de Planeación. Esta ley impone a las autoridades la obligación de decidir objetivos, metas y acciones que llevará a cabo y respecto de los cuales emitirá las reglas de operación que le habiliten a ejercer los recursos públicos proyectados.

Un ejemplo lo encontramos en el artículo 25 de la LDPAM respecto del Instituto Nacional de las Personas Adultos Mayores el cual señala en el primer párrafo "Este organismo público es rector de la política nacional a favor de las personas adultas mayores, teniendo por objeto general coordinar, promover, apoyar, fomentar, vigilar y evaluar las acciones públicas, estrategias y programas que se deriven de ella, de conformidad con los principios, objetivos y disposiciones contenidas en la presente Ley" y posteriormente, en el artículo 28 se señala que para cumplir con el objetivo encomendado por el artículo 25 se tendrán, entre otras atribuciones la que señala la fracción "Impulsar las acciones de Estado y la sociedad, para promover el desarrollo humano integral de las personas adultas mayores, coadyuvando para que sus distintas capacidades sean valoradas y aprovechadas en el desarrollo comunitario, económico, social y nacional"[9].

A este marco deben sumarse las garantías del artículo 6 "El Estado garantizará las condiciones óptimas de salud, educación, nutrición, vivienda, desarrollo integral y seguridad social a las personas adultas mayores con el fin de lograr plena calidad de vida para su vejez. Asimismo, deberá establecer programas para asegurar a todos los trabajadores una preparación adecuada para su retiro". A su vez se emite el Programa Institucional del Instituto de las Personas Adultos Mayores el cual desarrolla la "*Estrategia prioritaria 3.2.- Fomentar la participación intersectorial mediante acciones que contribuyan al ejercicio pleno de los derechos de las personas mayores*" y la "*Acción puntual 3.2.1. Fortalecer la red de organizaciones, empresas*

---

9 Ley de los Derechos de las Personas Adultas Mayores, artículo 28.

e instituciones públicas, privadas y sociales, con el fin de ampliar los beneficios y mecanismos de inclusión y atención preferencial a favor de las personas mayores". A la búsqueda de información oficial se puede encontrar el *Catálogo de Programas, Acciones y Servicios de instituciones del Gobierno Federal que incentivan el Bienestar de las Personas Adultas Mayores*. Lo que respondería a la fortalecer la red de instituciones públicas pues este catálogo reseña diversas acciones públicas. Como podemos observar existe una imprecisión tremenda entre las expectativas de las normas y las acciones específicas. Esto es un común denominador justamente por la discrecionalidad con la que cuenta la autoridad para cumplir con su obligación.

Debemos destacar que, la actividad de fomento es muy importante desde la óptica de derechos humanos justamente porque su adecuada comprensión y ejecución evita la vulneración y la posterior judicialización de situaciones concretas. Si bien puede comprenderse que existen parámetros de discrecionalidad válida, lo cierto es que la Ley de Planeación sí establece los mecanismos necesarios para evaluar el desarrollo de los programas y acciones (y sus respectivas reglas de operación) y verificar que se esté cumpliendo con la finalidad de la norma en materia de fomento. En este texto interesa, particularmente, delimitar la actividad de fomento respecto de la prestación de servicios públicos, pues el segundo atisbo de arbitrariedad en materia de fomento se encuentra en su deliberada confusión con la prestación de servicios públicos, por ejemplo, en materia de salud o movilidad y accesibilidad en la infraestructura pública, en donde se justifica dolosamente el incumplimiento de obligaciones con retórica propia de la actividad de fomento. El servicio público, incluso, debe exigirse a la luz del principio de progresividad de los derechos humanos previsto en el artículo primero de la Constitución, por medio del cual, el establecimiento de medidas cautelares para garantizar la movilidad y autonomía de las personas adultas mayores habría de ser posible en vía administrativa y judicial.

IV. LA BENEFICENCIA COMO ACTIVIDAD PÚBLICO-PRIVADA

Una referencia obligada en el tema que nos ocupa es la equivocada creencia que, en materia de grupos vulnerables, en particular la autonomía de los adultos mayores se desenvuelve en un ámbito de beneficencia y asistencialismo. Es importante aclarar que, en el marco de un Estado constitucional de corte social, el derecho parte de deberes de actuación previstos en las normas para las autoridades. Estos deberes de actuación habrían de estabilizar las condiciones de desventaja por acción de la norma y los fines del Estado, no por ánimo de liberalidad de la autoridad. Si bien en décadas anteriores los servidores públicos o su entorno hacían gala de la actuación de beneficencia para atender grupos vulnerables, lo cierto es que, bajo el marco normativo actual, esto no es aceptable.

La beneficencia es ampliamente confundida con la actividad de fomento por cuestiones históricas[10], pero tienen objetivos distintos. La beneficencia busca el reconocimiento por la generosidad, en ésta, la autoridad normalmente colabora con los particulares para que estos tengan un papel de actores en la atención de las necesidades sociales; por su parte, el fomento es un incentivo dirigido por el Estado, como señalamos antes, y se constituye como un mecanismo jurídico (a través de la figura de

---

10 Durante el siglo XIX, los países occidentales, envueltos en el liberalismo, encontraban en la beneficencia una salida a la atención las necesidades más apremiantes de la población más pobre utilizando recursos privados provenientes de las burguesías enriquecidas por la industria y la explotación rural. En México, una segunda etapa se encuentra ya en entrado el siglo XX buscando un contrapeso por parte del Estado a las injusticias del sistema de abandono social acuñado en época de Porfirio Díaz. Sobre esta evolución de la actividad de beneficencia en el país, véase, Tello, Nelia y Ornelas, Adriana, Historia del trabajo social en México en *Trabajo social: Una historia global*, en Trabajo social: Una historia global, Mc Graw Hill, Madrid, 2014.

la subvención) donde hay una contraprestación por cumplir una determinada actividad. Ambas figuras, fomento y beneficencia, deben distinguirse entre sí y, a su vez, respecto de la actividad prestacional o de servicios públicos. En esta última la autoridad satisface necesidades colectivas conducida por el ordenamiento, se trata de una obligación, una actividad publificada para dar cobertura a la colectividad de ahí que, ante la vulnerabilidad manifiesta y la imposibilidad de una persona adulta mayor de movilizarse de manera autónoma por deficiencia en la infraestructura pública de vialidades y transporte público, las autoridades deben intervenir con los mecanismos necesarios. Es decir, con medidas positivas que impliquen la colocación de rampas o transporte habilitado para personas con movilidad reducida.

La beneficencia puede coincidir con el ámbito de la actividad de fomento e incluso con la prestación de servicios públicos, pero no puede confundirse con estos a afecto de que los particulares (directamente o a través del financiamiento) sustituyan las obligaciones de la autoridad. Basta el ejemplo de la Ley de Asistencia Social para identificar el grado interacción (tanto funcional como disfuncional) que hay entre la beneficencia en su vertiente de asistencia y los servicios públicos. Esta ley es heredera de la acción de beneficencia ante la vulnerabilidad operada, primero, por particulares, solo después, por el Estado. La página del Gobierno Federal explique que la Beneficencia Pública es una institución decimonónica instituida por Benito Juárez para arrebatarle el "control" de los pobres a los hospitales y a la iglesia. Maximiliano de Habsburgo también desenvolvió la actividad de asistencia social en relación a los hospitales públicos y Porfirio Díaz no fue la excepción. Fue hasta la presidencia del Lázaro Cárdenas que la beneficencia se tradujo en asistencia con una connotación jurídica más sólida que integraba la atención médica, así nación la Secretaría de Asistencia Pública a finales de 1937 y finalmente Manuel Ávila Camacho crea la Secretaría de Salubridad y Asistencia, actualmente Secretaría de Salud la cual se rige principalmente por la Ley General de Salud, debemos recordar que ésta incorpora a la asistencia social como materia de *salubridad general* fracción XVIII del artículo 3. Por su parte la Ley de Asistencia Social, a rasgos generales, conduce bajo el término asistencia social la actividad de atención especial frente a la pobreza, abandono, "rezago". El artículo 2 señala que dicha ley y sus disposiciones "tienen por objeto sentar las bases para la promoción de un Sistema Nacional de Asistencia Social que fomente y coordine la prestación de servicios de asistencia social pública y privada e impulse la participación de la sociedad en la materia"[11]. Podemos ver cómo la asistencia se bifurca entre la asistencia social pública y la privada, encomendando el fortalecimiento de la participación de la sociedad, es decir, si bien se reconoce la acción del Estado en la asistencia, lo cierto es que se trata de una actividad principalmente dirigida a la integración de fondos privados al cumplimiento de fines públicos.

Actualmente la asistencia social se entiende como "el conjunto de acciones tendientes a modificar y mejorar las circunstancias de carácter social que impidan el desarrollo integral del individuo, así como la protección física, mental y social de personas en estado de necesidad, indefensión desventaja física y mental, hasta lograr su incorporación a una vida plena y productiva. La asistencia social comprende acciones de promoción, previsión, prevención, protección y rehabilitación."[12] La propia ley relaciona la actividad de fomento con la asistencia, ayuda, soporte.

Se conecta en distintos aspectos tanto con la Ley General de Salud como con la Ley de los Derechos de las Personas Adultos Mayores, en donde el artículo 3, fracción II señala "Asistencia social. Conjunto de acciones tendientes a modificar y mejorar las circunstancias de carácter social que impidan al individuo su desarrollo integral, así como la protección física, mental y

---

11 Ley de Asistencia Social, artículo 2.

12 Ley de Asistencia Social, artículo 3, fracción II. Disponible en: https://www.diputados.gob.mx/LeyesBiblio/pdf/LASoc.pdf

social de personas en estado de necesidad, desprotección o desventaja física y mental, hasta lograr su incorporación a una vida plena y productiva"[13]. Podemos observar cómo, la palabra asistencia, se relaciona con vulnerabilidad, pero la pregunta es si, frente a la actividad de fomento o de prestación de servicios públicos la vulnerabilidad requiere que sea cumplido el deber de actuación (salud, transporte, etcétera) bajo la perspectiva de asistencia a la espera de presupuesto para su operatividad o si, por el contrario, las condiciones de pobreza, abandono, etcétera, deben ser atendidos de manera integral por el servicio público.

Ya sea en mayor medida por la publificación del servicio público o en menor medida por la incentivación aderezada por la discrecionalidad en la actividad de fomento, la beneficencia en un estado social no puede involucrarse en la evasión del cumplimiento de obligaciones públicas, su alcance será directamente proporcional a la intensidad de los particulares que se involucran generosamente pero que no es su obligación. Cumplir con las obligaciones del Estado no puede quedar en manos de la voluntad y generosidad de estos.

V. CONCLUSIONES

La movilidad de las personas adultas mayores es una problemática determinada por el prejuicio y la exclusión. Ha sido complejamente desarrollada en el ordenamiento confundiendo su alcance entre la mera beneficencia, el asistencialismo y la actividad de fomento o de servicios públicos, pero tiene implicaciones importantes sobre la autonomía de los adultos mayores para mantener actividades económicas o trasladarse a servicios culturales o de atención médica a través de una adecuada gestión de espacios y transporte público accesible. Distintos ordenamientos en la República prevén obligaciones de actuación para

---

[13] Ídem

las autoridades en materia de movilidad y autonomía, destacan, cuando se refiere a personas mayores porque tradicionalmente se les limita a la circunscripción del hogar. Por el contrario, las actividades económicas, sociales, culturales, deportivas, etc. que pueden realizar las personas adultas mayores requiere que el Estado cumpla con las obligaciones de infraestructura o servicios.

El carácter obligatorio de la infraestructura accesible en relación con el derecho a la movilidad, desde la progresividad de los derechos humanos con relación al artículo primero de la Constitución, en el marco de la tutela de las personas adultas mayores, exige prestar atención a los mecanismos movilidad que deben estar amparando al particular. Se trata, en todo caso, de identificar cuándo estamos frente a un deber y cuándo frente a una buena voluntad de política pública. En definitiva, se trata, de habilitar mecanismos emergentes y progresivos que garanticen que ningún adulto mayor se va limitado a desenvolver su vida de manera autónoma.

VI. FUENTES CONSULTADAS.

Aguilar Villanueva, Luis, "Marco para el análisis de las políticas públicas", Política pública y democracia en América Latina, México, EGAP/Miguel Ángel Porrúa, México, 2009

Aguilar Villanueva, Luis, "Gobierno y administración pública", Fondo de Cultura Económica, México, 2013

Béjar Rivera José Luis, "Una aproximación a la teoría de los servicios públicos", UBIJUS, México, 2012

Esteve Pardo, José, "Lecciones de Derecho administrativo", 7ª Edición, Marcial Pons, Madrid, 2017

Fernández Ruiz Jorge, "Servicios públicos", Tirant Lo Blanch, México, 2020

González Tachiquínm, Marcelo, "El estudio de las políticas públicas: un acercamiento a la disciplina", en Quid Juris, Vol. 2, 2005

Jordana De Pozas, Luis, "Ensayo de una teoría del fomento en el Derecho administrativo", Revista de Estudios Políticos, No. 48, 1949

Larrañaga, Pablo, "Constitucionalismo económico, políticas públicas y derechos humanos", en *Derechos del pueblo mexicano. México a través de sus constituciones,*

Sección Segunda, Vol. V, Transversalidad constitucional con perspectiva convencional, IIJ UNAM-Cámara de Diputados-Porrúa, México, 2016

Lasswell Harold y Lerner Daniel, The policy sciences: Recent developments in scope and method, Stanford University Press, Palo alto, 1951

Rodríguez Lozano Luis Gerardo y González Solis, Juan Marín, "Estado y Servicios públicos", Tirant Lo Blanch, México, 2022

Tello, Nelia y Ornelas, Adriana, "Historia del trabajo social en México" en *Trabajo social: Una historia global,* en Trabajo social: Una historia global, Mc Graw Hill, Madrid, 2014

Interés legítimo en conflicto competencial sobre el manejo de residuos electrónicos

IZARELLY ROSILLO PANTOJA[1]

SUMARIO: I. INTRODUCCIÓN. II. PLANTEAMIENTO DEL PROBLEMA. III. ARGUMENTOS JURISDICCIONALES PARA EL SOBRESEIMIENTO DEL JUICIO. IV. CRÍTICA A LA RESOLUCIÓN. V. LOS RETOS SUGERIDOS A PARTIR DEL AMPARO EN REVISIÓN 1013/2019. VI. CONCLUSIONES. VII. FUENTES CONSULTADAS.

RESUMEN: Se estudia una aparente contradicción respecto a la competencia en la gestión integral de los residuos electrónicos de televisores analógicos. El trabajo observa los conceptos de violación centrados en el establecimiento y operación de centros de acopio y manejo de televisores analógicos, producto de la transición a la televisión digital. A tal demanda el juzgador aprecia que existen argumentos para sostener la pretensión de los quejosos, pero que carecen de legitimación por no existir un interés relevante para el juicio de amparo por que no se acredita el daño, poniendo en tela de juicio la esencia del interés legítimo y la defensa ambiental. Hay en el fondo omisiones que derivan de una interpretación inflexible, por eludir el contenido de la propia constitución y los tratados internacionales que requieren de interpretación y aplicación de principios.

---

1 Doctora en Derecho por la Universidad Autónoma de Querétaro. Profesora investigadora de tiempo completo e integrante del Cuerpo Académico Identidades, Medio Ambiente y Justicia en Contextos Democráticos, de la Facultad de Derecho de la Universidad Autónoma de Querétaro; Miembro del Sistema Nacional de Investigadores (SNI I).

PALABRAS CLAVE: Interés legítimo, precaución, residuos electrónicos, compuestos orgánicos persistentes, competencia.

I. INTRODUCCIÓN

Con motivo del apagón analógico, y por lo tanto la sustitución de transmisiones analógicas por Televisión Digital Terrestre, el gobierno mexicano promovió de distintas maneras el uso de televisores digitales y decodificadores. Viéndose beneficiadas por la adquisición de más de nueve millones de nuevos aparatos, muchas personas se dispusieron a desechar sus televisores obsoletos.

Varios de los compuestos de los televisores analógicos son considerados residuos peligrosos de competencia Federal, de conformidad con la Ley General para la Prevención y Gestión Integral de los Residuos, toda vez que sus componentes poseen características de toxicidad, como los contenidos en los tubos de rayos catódicos -óxido de plomo-, así como retardantes de flama -bifenilos polibromados (PBDE´S) y hexabromociclododecano (HBCD) incluidos en las carcasas plásticas, en las tarjetas electrónicas y el plástico que recubre los cables de cobre, sustancias químicas contenidas de dichos televisores.

En este contexto, los gobiernos locales emprenden campañas de recolección de aparatos televisivos obsoletos para su resguardo, pero la aplicación de dicha estrategia, sin perjuicio de la nobleza que atiende a la causa principal, no se instrumentó de manera eficiente respecto al manejo integral de los residuos y elementos que los mismos constituían. A mediados de diciembre de 2015 se informó sobre la implementación de centros manejo y recolección de los aparatos, así como el funcionamiento de tiraderos a cielo abierto en que se abandonaban los televisores analógicos.

Los conceptos de violación evocados en la demanda de amparo se plantearon con relación al principio pro persona, el derecho a un ambiente sano y su consecuente vínculo con la realización de otros derechos individuales, así como de los Derechos Económicos, Sociales y Culturales. Se hace un especial énfasis en la necesidad de aplicar medidas de carácter precautorio con lo que ello conlleva, es decir, el actuar de las autoridades incluso ante la incertidumbre del daño que pudiera ocasionarse.

También se considera una vulneración en el derecho de acceso y comprensión de la información, sin la cual no hay realización del derecho a un ambiente sano. Es decir, que la comprensión del alcance que pueda tener el derecho al ambiente es básica para que se materialice, razón por la que las autoridades involucradas deberían informar respecto a los riesgos y la distribución de competencias que les son relativas.

II. PLANTEAMIENTO DEL PROBLEMA

Se propone el estudio de los actos que constituyen la aprobación y ejecución de centros de acopio en el Estado de Querétaro, para los televisores analógicos desechados por causa de la transición a la televisión digital terrestre.

Como tiene a bien comentar Fernández Fernández[2], desde Crescencio Rejón se observó la necesidad de que el poder judicial dotara de lógica al derecho en su forma material y no sólo en lo escrito, de manera que la norma opere como un verdadero sistema dotado de racionalidad y coherencia, donde los bienes y valores protegidos por la Constitución fungen como una especie de estándar al que aspira la actuación del Estado.

La reforma de 2011 en materia de derechos humanos es un parteaguas en el empoderamiento de la función jurisdiccional,

---

2 Fernández Fernández, Vicente y Samabiego Behar, Nitza, "El juicio de amparo: historia y futuro de la protección constitucional en México", Revista IUS, Instituto de Ciencias Jurídicas de Puebla, México, Vol. 5, No. 27, 2011, enero-junio.

dando un valor adicional a la institución del juicio de amparo. La obligación de velar por los derechos humanos y ampliar la visión sistemática al alcance de los tratados internacionales y de los derechos humanos da una dimensión mucho más profunda al amparo indirecto, convirtiéndolo en el instrumento por excelencia para la tutela efectiva de los intereses del gobernado.

Sin embargo, la protección y garantía de los derechos económicos, sociales, culturales y ambientales siguen limitados en cuanto a su exigibilidad en instancia judicial. Si bien, una posible codificación de su contenido negaría su naturaleza limitando su alcance a lo escrito en la norma, tampoco es posible operarlos de acuerdo al arbitrio permanente de los jueces, o a criterios jurisprudenciales viciados por cuanto derivan de materias esencialmente diferentes. Tal es el caso del Derecho Ambiental, al que la legislación y la jurisprudencia tratan sin considerar las particularidades propias de la materia, sugiriendo criterios derivados del derecho civil y administrativo que terminan siendo inefectivos sin una adecuada argumentación.

En el caso sugerido, Amparo 3082/2015 radicado en el juzgado quinto de Distrito en el Estado de Querétaro, se señala la inobservancia del artículo primero de la Constitución Política de los Estados Unidos Mexicanos, a razón del cumplimiento de interpretación más favorable para proteger a la persona, aplicando los principios de universalidad, interdependencia, indivisibilidad y progresividad, dispuestos en el mismos texto constitucional, así como lo señalado en el numeral 1o de la Convención Americana de los Derechos Humanos, lo dispuesto en el Convenio de Estocolmo sobre compuestos orgánicos persistentes artículos 6 fracción I, 7o y 11, y principio décimo quinto de la Declaración de Río sobre el Medio Ambiente y el Desarrollo. Lo anteriormente señalado toda vez que, las autoridades señaladas como responsables fueron omisas en cumplir con sus obligaciones en materia de derechos humanos respecto a la gestión y control de los residuos peligrosos y los compuestos orgánicos persistentes, contenidos en los televisores analógicos; acciones violatorias ejecutadas en el diseño e implementación del Programa Nacional para la Gestión Integral de los Televisores Desechados por la Transición a la Televisión Digital Terrestre.

Esto es así toda vez que las obligaciones generales del Estado por proteger, respetar, garantizar y promover los derechos humanos no se cumplen. La exposición a sustancias, particularmente a componentes de plomo, vulnera el derecho al ambiente sano de todas las personas, así como el derecho a la salud de los pobladores más próximos a los tiraderos a cielo abierto. De manera que no se atiende a los principios de los derechos humanos al sugerir su tutela de forma sectorizada y supeditada al control estatal.

De acuerdo con Macías Raya[3], los componentes de los televisores analógicos que contienen óxido de plomo y retardantes de flama bromados, al desecharse deben ser manejados como residuos peligrosos de conformidad con lo establecido en los Tratados Internacionales, como el Convenio de Estocolmo sobre Compuestos Orgánicos Persistentes[4] y el Convenio de Basilea sobre el Control de los Movimientos Transfronterizos de Desechos Peligrosos y su Eliminación[5], debe de observarse la normatividad nacional en materia ambiental respecto de la prevención de la generación y gestión de los residuos, debido a los riesgos, impactos y posibles daños que pueden ocasionar al ambiente y la salud humana, algunos de los cuales pudieran ser considerados daños de imposible reparación.

---

3 Macías Raya, L.A., *Cálculo de óxido de plomo (pbO) en las televisiones analógicas de México,* citado por Secretariado de la Comisión para la Cooperación Ambiental, *Determinación del Secretariado en conformidad con el artículo 14(I) del Acuerdo de Cooperación Ambiental de América del Norte A14/SEM/15-002/10/DETN_14(1), 2015.*

4 Decreto Promulgatorio del Convenio de Estocolmo sobre Contaminantes Orgánicos Persistentes, México, 17 de mayo de 2004, Diario Oficial de la Federación: 28 de febrero de 2020.

5 Decreto promulgatorio del Convenio de Basilea sobre el Control de Movimientos Transfronterizos de los Desechos Peligrosos y su Eliminación, México, 9 de agosto de 1991, Diario Oficial de la Federación: 28 de febrero de 2020.

De igual forma, la Ley General para la Prevención y Gestión Integral de los Residuos: (LGPGIR) tutela el derecho a un medio ambiente sano y el desarrollo sustentable, y en su numeral 1o de dicha normatividad. De igual forma, establece que para el cumplimiento de la ley es necesario prevenir la generación, la valorización y la gestión integral de los residuos peligrosos, entre otros objetivos. En el artículo 5 fracción XXXII de dicho ordenamiento se define que debe ser considerado como residuo peligroso.

> *"(...) XXXII. Residuos Peligrosos: Son aquellos que posean alguna de las características de corrosividad, reactividad, explosividad, toxicidad, inflamabilidad, o que contengan agentes infecciosos que les confieran peligrosidad, así como envases, recipientes, embalajes y suelos que hayan sido contaminados cuando se transfieran a otro sitio, de conformidad con lo que se establece en esta Ley; ..."*[6]

En consecuencia, siempre que la Ley General en materia de residuos asigna facultades, competencias y atribuciones a la federación de manera exclusiva sobre los residuos peligrosos, se deduce la incompetencia de los gobiernos locales en la materia.

Ello a pesar de la confrontación de Normas Oficiales Mexicanas que ocurre tras constatarse el contenido de la NOM-161-SEMARNAT-2011[7] y la NOM-052-SEMARNAT-2005[8]. En la primera, se establecen los criterios de clasificación y el listado de Residuos de Manejo Especial que se sujetan a Plan de Manejo; lo que implica

---

6 Ley General para la Prevención y Gestión Integral de los Residuos, art. 5, 2015.

7 Norma Oficial Mexicana NOM-161-SEMARNAT-2011, Que establece los criterios para clasificar a los Residuos de Manejo Especial y determinar cuáles están sujetos a Plan de Manejo; el listado de los mismos, el procedimiento para la inclusión o exclusión a dicho listado; así como los elementos y procedimientos para la formulación de los planes de manejo, 2013, México.

8 Norma Oficial Mexicana NOM-052-SEMARNAT-2005, que establece las características, el procedimiento de identificación, clasificación y los listados de los residuos peligrosos, 2005, México.

dar operatividad a la competencia que recae de manera exclusiva sobre las entidades federativas. En efecto, la normativa más reciente reconoce tácitamente que los residuos generados por la transición energética corresponden a los Estados, señalando en la fracción VIII del listado que funge como anexo normativo a los

> *"productos que al transcurrir su vida útil se desechan y que se enlistan a continuación [...] a) Residuos tecnológicos de las industrias de la informática y fabricantes de productos electrónicos" siendo también explícitos al incluir en lo posterior a "Monitores con tubos de rayos catódicos (Incluyendo televisores) [...] Pantallas de cristal líquido y plasma (incluyendo televisores)".*[9]

Por su parte, la normativa 052 se hace complementar por la NOM-133-SEMARNAT-2000[10] en materia de la sustancia caracterizada como residuo peligroso y denominada Bifenilos Policlorados (BPC's), atribuyendo en consecuencia a la Federación la competencia para la gestión integral de tal sustancia que, como se especifica líneas arriba, se encuentra contenida en los diversos componentes de los aparatos televisivos.

De manera que las autoridades se enfrentan a un aparente conflicto competencial, pues la normatividad, conforme a una interpretación laxa, hace concurrir a la Federación y las entidades federativas en el manejo integral de los televisores analógicos desechados por la población.

La evidencia de centros de acopio con deficiencias operativas y tiraderos al cielo abierto bajo la competencia de la entidad, deja ver la necesidad de una interpretación que favorezca en todo momento los bienes tutelados por la constitución, resolviendo acorde a criterios técnicos que contemplen cada uno de

---

9 *Op. Cit.* NOM-161-SEMARNAT-2011.

10 Norma Oficial Mexicana NOM-133-SEMARNAT-2000, Protección Ambiental-Binéfilos Policlorados (BPCs) Especificaciones de manejo, 2003, México.

los componentes de los televisores y, esencialmente, conforme a la precaución como principio del Derecho Ambiental.

III. ARGUMENTOS JURISDICCIONALES PARA EL SOBRESEIMIENTO DEL JUICIO

El juez se sirve de los artículos 62 y 61 en su fracción XII para señalar la improcedencia del juicio de amparo por aparente falta de interés que vincule a las partes con los actos que se reclaman. El artículo 62 en cuanto a la oportunidad judicial para determinar la improcedencia y el 61, que ve como improcedentes las demandas "contra actos que no afecten los intereses jurídicos o legítimos del quejoso"[11].

El juez se dispone a complementar su argumento con los numerales 5 y 6 de la ley de Amparo, recordando así las partes que componen al juicio de amparo; así también, cita al artículo 107 de la constitución mexicana, con énfasis en las fracciones I y II, referentes a los principios de instancia de parte agraviada y la relatividad de la sentencia. Con esta base, se estudia la definición de los tres tipos de intereses y se abunda en las deficiencias que envuelve el concepto de interés legítimo en la legislación mexicana para efectos de juicios en materia ambiental.

El interés legítimo, no obstante, presenta una dificultad conceptual para definirse, por lo que el juez se sirve de la interpretación de la Suprema Corte de Justicia y de la doctrina, de donde se deriva que su existencia implica una aceptación en a la esfera jurídica del quejoso en sentido amplio, que se desprende de su especial posición ante la norma jurídica y que se traduce en un beneficio resultado de la modificación del acto reclamado. Se sostiene en lo previamente establecido por el Pleno del

---

[11] Ley de Amparo, Reglamentaria de los artículos 103 y 107 de la Constitución Política de los Estados Unidos Mexicanos, 2013, México.

máximo tribunal, afirmando que el interés legítimo pertenece a una persona o grupo, de manera singular y distinta a la de cualquier otro gobernado, y que dicha particularidad deviene de una circunstancia personal o una regulación sectorial. Cabe precisar que el silogismo lógico propuesto por el juzgador omite una premisa que el mismo tuvo a bien incluir en su argumentación, considerando que el concepto de interés legítimo no es cerrado ni acabado, sino que debe adaptarse a las situaciones surgidas en las relaciones jurídicas.[12]

Continúa la argumentación sugiriendo cuatro elementos para determinar la existencia de un interés relevante para la procedencia del juicio de amparo, indicando: a) la titularidad de un grupo sobre el interés; b) no exige una prestación para sí mismo, sino que la autoridad actúe conforme a la ley, porque sus actos u omisiones producen una afectación, mientras que la modificación genera un beneficio; c) se salvaguardan intereses generales, de orden público o interés social; d) Hay una lesión sobre la comunidad, y no sobre el individuo, por lo que son los miembros de tal grupo los facultados para señalar el ilícito.

En el caso que ocupa el juzgador contradictoriamente traslada la carga de la prueba a los quejosos respecto al perjuicio, al tiempo que reconoce el daño ambiental. Tal vez lo que requiera el juzgador es que el daño, la contaminación y alteración a la calidad ambiental en el Estado de Querétaro, lugar de residencia de los quejosos, impacte sobre los bienes o patrimonio de los quejosos para otorgar el reconocimiento del interés legítimo; pero en el supuesto que ese fuera el objeto de la resolución ¿cuál sería el espíritu de este mecanismo de control constitucional, si no se previno el daño, menoscabo y alteración al ambiente que puede ocasionar afectaciones irreversibles en la salud no solo de los quejosos sino de todos los habitantes de la entidad federativa?

---

12 Juzgado Quinto de Distrito de Amparo y Juicios Federales en el Estado de Querétaro, Juicio de Amparo 3082/2015, Sentencia.

Aunado a lo anterior, en el supuesto de que los quejosos se mostraran infectados con plomo y compuestos orgánicos persistentes en su cuerpo la vía oportuna sería una acción colectiva para la reparación del daño; con lo anterior no se podría considerar que se protegió el derecho humano a un ambiente sano, sino se vería reducida la tutela de este derecho a la indemnización por daños realizados, ignorando los principios del derecho ambiental y la constitución polifacética del humano, como si las afectaciones a la salud y al ambiente fueran compensables con un factor numerario o una disculpa pública. Se hace patente una argumentación positivista exacerbada y contradictoria que requiere acreditar tanto el interés jurídico como el interés legítimo.

Se observa luego, que el juzgador solicita acreditar tanto el interés jurídico como el interés legítimo:

> *"Ahora bien las pruebas reseñadas con anterioridad...Con las cuales si bien la parte quejosa acredita diversos estudios científicos, informes y opiniones relacionados con el daño ocasionado del mal manejo de residuos peligrosos emanados de televisores analógicos, así como diversas notas periodísticas relacionadas con el desecho de los televisores analógicos, lo cierto es que no acredita en forma fehaciente tanto legítimo como jurídico, que legitimare para promover el juicio de amparo..."*[13]

De forma incompleta el juzgador lee y cita a Jean Claude Tron pegando varios párrafos del artículo en la sentencia, sin embargo omitió seguir dándole lectura específicamente a las páginas 28 y 29, en donde el autor hace referencia a el interés legítimo en los temas de defensa del derecho humano a un ambiente sano, y en el cual refiere el criterio del tribunal español para dar cabida a la materialización de dicho interés cuando se sitúen los casos como:

> *1.Violaciones a la normatividad ambiental, de manera que es posible "exigir que se lleven a cabo las acciones necesarias para*

---

13 Juzgado Quinto de Distrito de Amparo y Juicios Federales en el Estado de Querétaro, Juicio de Amparo 3082/2015, Sentencia p.73.

que sean observadas las disposiciones aplicables, siempre que se demuestre que dichas obras o actividades originan o pueden originar un daño al medio ambiente (...)".[14]

2.Grupos que ven por la realización de derechos colectivos, "por actos u omisiones injustificadas o desproporcionadas de las autoridades que no actúan diligentemente en temas vgr., protección al medio ambiente..."[15]

Lo anterior señala el jurista constituye la ratio essendi que debe perseguir cualquier actividad de la administración es la satisfacción del interés social. Este objetivo se materializa en la consumación de actos administrativos, contratos y concesiones, que puedan ejecutarse desde el ámbito privado y la administración pública, donde prime siempre satisfacer el interés público. En el supuesto que dichos actos se consideren irregulares, por ser contrarios a la normatividad o se encuentren supuestos vicios, se podrán considerar acciones de nulidad y responsabilidad, en el caso que nos ocupa la administración pública federal y autoridades señaladas como responsables, transgreden el interés social al emitir, aplicar la política nacional violatoria de los derechos humanos al medio ambiente sano y la salud de los quejosos y los habitantes del estado de Querétaro.

Derivado de lo anterior, se observa que sí se acredita un interés jurídicamente relevante para el juicio de amparo, precisando que aún cuando se reclaman diversos actos emitidos por las autoridades responsables respecto de la instalación de centros de manejo de residuos peligrosos contenidos en los televisores analógicos, y los cuales surgen a propuesta e implementación

---

14 Tron, Jean Claude, *¿Qué hay del interés legítimo?*, [Consultada 2 de marzo de 2020], [Disponible en: https://www.ijf.cjf.gob.mx/cursosesp/2014/diploarguIH/material1012/Qu%C3%A9%20hay%20del%20inter%C3%A9s%20leg%C3%ADtimo%205.pdf]

15 *Ibid.*, p.28.

del programa nacional para la gestión integral de los televisores desechados por la transición a la televisión digital terrestre aplicado en todo el territorio nacional, la acción a efecto de acreditar el interés legítimo se refiere a:

1. Los actos que se realicen o hayan realizado exclusivamente en el territorio del Estado de Querétaro, toda vez que los quejosos son habitantes de dicha entidad, por lo que se constituyen como grupo social identificable, pertenecientes al vecindario adyacente a potenciales emisores de contaminantes, y que ningún otro habitante de diferente entidad federativa que no radique en la entidad podría interponer este mecanismo de defensa constitucional alegando la violación del derecho humano a un ambiente sano a los habitantes de Querétaro.
2. El riesgo que implica la posible liberación de 1,029.26 toneladas de óxido de plomo (pb) en Querétaro, y las carcasas de plástico respectivas, que dan lugar a una interpretación conforme al principio precautorio de Derecho Ambiental.

El juzgador reconoce a los quejosos como habitantes del Estado de Querétaro, le da valor probatorio pleno a nuestras identificaciones oficiales, sin embargo les condiciona a que para acreditar el interés jurídico en la presente causa a que no solo vivan en el estado sino específicamente en comunidades adyacentes a los centros de acopio que las autoridades responsables abrieron; lo anterior es argumento sofista y sin sustento técnico, que pretende justificar y señalar que el plomo liberado al aire solo contaminaría a comunidades adyacentes, es decir se "estacionaría en los centros de acopio o bien en las comunidades de referencia, -sin precisar además el radio de acción de "adyacente" –; sólo si se es miembro de comunidades adyacentes, sólo así podría haberse acreditado el daño; sin embargo total falacia; es una afirmación generalizada sin sustento técnico en donde se desprende y demuestra que el juzgador no se tomó la molestia de leer los documentos científicos ofrecidos como medios probatorios –los cuales da valor probatorio-. En la foja 29 de la demanda de garantías interpuesta por los quejosos, se hace referencia al medio probatorio denominado "L EAD ACTION NEWS,emitido por The Lead Education and Abatement Design Group (LEAD), en su Volumen 1 número 2 del invierno de 1993", documento que en su primera hoja describe las afectaciones del plomo en los ecosistemas y cómo el plomo se mueve dentro de estos. Las propiedades químicas y físicas y los procesos biogeoquímicos dentro de los ecosistemas influyen en el movimiento del plomo a través de ellos. El estudio refiere que el plomo como agente externo, puede moverse a través de los ecosistemas hasta alcanzar un equilibrio, se acumula en el ambiente y en ciertos ambientes químicos, lo cual genera que se transforme de tal manera que incrementa su solubilidad, biodisponibilidad y su toxicidad. Esto quiere decir, que entre más arriba esté en la cadena trófica, hay más sensibilidad al plomo a concentraciones más bajas. El plomo, es el contaminante que está presente en el aire y como consecuencia viaja a través de los vientos dominantes, por ello es imposible que se estacione en un sitio de forma permanente en una comunidad adyacente, el plomo puede viajar por aire, agua polvo o la ingesta de alimentos, toda vez que se encuentra en las partículas finas, las cuales son absorbidas en mayor proporción por los niños de corta edad, ya que estos proporcionalmente inhalan o ingieren mayores cantidades, en relación con su peso, que los adultos, por ende pone el riesgo y causa daños a las comunidades que se encuentren en el territorio queretano, es más puede afectar hasta comunidades vecinas y colindantes con los limites de la entidad.

Ahora bien, el juzgador tuvo a bien reconocer que uno de los quejosos, tiene su domicilio en una conocida colonia en que se ubica la instalación un centro de acopio dentro de la delegación Felipe Carrillo Puerto, sin embargo, aun reconociendo esto, se contradice en la foja 76 señalando "*no aportó elementos de convicción que se desprenda que efectivamente su domicilio se encuentra cerca de dicho centro de acopio y que efectivamente se cause un daño al ambiente con la instalación de dicho centro de acopio, y el cual cause un perjuicio al quejoso...*"[16].

El juzgador pretende que acredite el daño ambiental en el centro de acopio, esto quiere decir, que entonces debe existir un menoscabo, pérdida, alteración al ambiente, recursos naturales, ecosistemas o elementos del mismo, y que estas acciones causen un perjuicio sobre la salud o bienes de las personas; si estos argumentos derivados del positivismo exacerbado fueran aplicables a la naturaleza del derecho a un medio ambiente sano, entonces la protección constitucional sería solo retórica, sería una simple aspiración romántica constitucional para decir que existe un ambiente que se debe de proteger, pero al que no corresponde ninguna garantía para su cumplimiento.

IV. CRÍTICA A LA RESOLUCIÓN

El estudio de este caso hace evidente la oscuridad con la que se presentan dos conceptos en la legislación mexicana en materia de justicia ambiental: el interés legítimo y el principio de precaución.

De las páginas 73 y 89 de la sentencia se hace notorio el reconocimiento tácito del juzgador sobre la peligrosidad de los residuos. Es decir, materialmente el juzgador encontró que había efectivamente un conflicto de competencias respecto del manejo de los residuos contenidos en los televisores analógicos, deteniéndose solamente por una cuestión de aspecto procedimental, de técnica argumentativa. Habiendo resuelto que los residuos en cuestión son efectivamente peligrosos, es la autoridad federal quien debiera estar a cargo de su gestión, no así la autoridad estatal, debió observarse la posibilidad de que el manejo inadecuado indiciado por las pruebas ofrecidas gene-

---

16 Juzgado Quinto de Distrito de Amparo y Juicios Federales en el Estado de Querétaro, Juicio de Amparo 3082/2015, Sentencia p.73.

rara un menoscabo al ambiente. Ante la duda, a falta de certeza plena de los daños que pudieran resultar del actuar u omisión de la autoridad, los jueces tendrían que contar con el respaldo normativo y la capacidad intelectual de proponer soluciones que observen al ambiente sano como derecho humano, cumpliendo con la obligación general en materia contenida en el primero constitucional y en la Declaración de Río por cuanto enuncia que:

> *"Cuando haya peligro de daño grave o irreversible, la falta de certeza científica absoluta no deberá utilizarse como razón para postergar la adopción de medidas eficaces en función de los costos para impedir la degradación del medio ambiente"*[17],

Así como a los tratados internacionales que integran el principio precautorio, como el caso particular del Convenio de Estocolmo sobre Contaminantes Orgánicos Persistentes.

Ahora, el desarrollo conceptual del interés y sus variantes descritas por la Ley de Amparo e interpretadas con distintos alcances por los tribunales federales, había sido poco claro para dar tutela efectiva al derecho a un ambiente sano.

El requisito de ser adscrito a determinado grupo social para poder dar trámite a una demanda de tutela sobre el derecho humano a un ambiente sano inhibe la posibilidad de que personas en su individualidad accedan a la justicia, dependiendo entonces de una condición fortuita -como pertenecer a un pueblo o comunidad indígena- o provocada –como recurrir a una Asociación Civil especializada en la materia, o a alguna Organización No Gubernamental- para el goce pleno de sus derechos.

Por otro lado, la especial posición de la persona o grupo frente a la norma, en tanto que la afectación le es benéfica o perjudicial de manera distinta a cualquier otra persona, es un estándar que

---

17 Declaración de Río sobre el Medio Ambiente y el Desarrollo, Río de Janeiro, 1992, principio 15.

ignora por completo la realidad entorno al tema ambiental. Es decir, que seguramente existirán casos en que el daño ambiental, real o potencial, pueda visualizarse de manera concreta en algún aspecto material y apreciable a los sentidos humanos, como la contaminación del agua o el suelo; pero admitir abiertamente la existencia de dichos casos no obliga al pensamiento falaz de generalización en la materia, pues fenómenos como el cambio climático, la contaminación visual o auditiva, e incluso la adecuación de políticas públicas, no son de fácil recepción por los sentidos. Luego, la justicia ambiental dependería de que los daños puedan ser fácilmente medidos en el corto plazo, dejando a salvo problemáticas silenciosas que se prolongan en el tiempo y que ponen en duda la supervivencia de las generaciones futuras.

Posterior a la sentencia estudiada, la segunda sala tuvo a bien dar una solución a este problema en el resolutivo final del Amparo en Revisión 1013/2019, en consideración del principio precautorio como una pauta interpretativa ante la incertidumbre científica, con "el potencial de revertir la carga de la prueba a cargo del agente responsable, así como dotar a los juzgadores de una herramienta que posibilita allegarse de todos los elementos probatorios necesarios para identificar el riesgo o el daño ambiental".[18] Esto significa una mutación del principio de la carga de la prueba en materia ambiental, conforme al Acuerdo Regional sobre el Acceso a la Información, la Participación Pública y el Acceso a la Justicia en Asuntos Ambientales en América Latina y el Caribe, obligando al Estado a la aplicar la inversión o el dinamismo en la carga probatoria.

La segunda sala analizó el que hasta entonces había sido el criterio predominante para la identificación del interés legítimo de los quejosos en conflictos ambientales; la adyacencia. En un primer punto, es relevante el señalamiento de que

---

18 Segunda sala de la Suprema Corte de Justicia de la Nación, Amparo en Revisión 1013/2019, Sentencia párrafo 45.

> *"la ausencia de pruebas científicas que reflejen puntualmente los "beneficios que determinado ecosistema otorga a la persona o comunidad" no puede ser motivo para considerar que determinado ecosistema no presta un servicio ambiental, o bien, que el beneficio que confiere el ecosistema no repercute a una determinada persona o comunidad."*[19]

Esta argumentación parte de la identificación de los servicios ambientales proporcionados por el ecosistema presuntamente afectado y de las sus áreas de influencia, constituyendo un espectro más amplio que la simple vecindad. Es relevante porque la identificación y medición de los servicios ambientales puede ser aproximada mediante la ciencia y la técnica. Por otra parte, la inclusión del concepto de *área de influencia* obliga a proponer un señalamiento concreto de las zonas en donde impactan positivamente los servicios ambientales.

Para resolver quién o quiénes cuentan con legitimidad para acudir al juicio de amparo, será preciso entonces determinar si los quejosos se ven beneficiados por los servicios ambientales del ecosistema que se trate, ya sea por la simple vecindad o por el goce de los servicios ambientales en áreas de influencia.

La Corte construyó una metodología basada en cuatro preguntas:

> *"(1) ¿Cuál es el tipo de ecosistema que se pretende proteger?; (2) ¿Qué servicios ambientales presta el ecosistema presuntamente afectado?; (3) ¿Cuál es el área de influencia o entorno adyacente del ecosistema?, y (4) ¿La persona que acude al juicio de amparo ambiental habita o utiliza el área de influencia que se ve impactada positivamente por los servicios ambientales que presta el ecosistema?"*[20]

Con ello, se superaría la barrera que supone la ley de amparo para acreditar el interés jurídico o el interés legítimo en conflic-

---

19 *Ídem*, párrafo 72.

20 *Ídem*, párrafo 79.

tos ambientales, pues habría que considerar al caso concreto la obligación de aplicar el principio precautorio y dotar de dinamismo a la carga probatoria, obligando a las autoridades del Estado mexicano a contribuir en el esclarecimiento del asunto, respecto del ecosistema afectado y los servicios ambientales que presta.

V. LOS RETOS SUGERIDOS A PARTIR DEL AMPARO EN REVISIÓN 1013/2019

Un punto de profunda trascendencia en el caso cifrado con este expediente es la autoadscripción de los quejosos a la comunidad indígena de Cansahcab, asentada en el estado de Yucatán. Este dato es fundamental porque hay una relativa sencillez en la identificación del territorio sobre el que se asienta la población originaria, además de que se controvierte la afectación de un ecosistema sumamente amplio, lo que resulta en una respuesta afirmativa a la metodología de la Corte sin mayores obstáculos.

Hay que recordar que, a diferencia del grueso poblacional, los pueblos y comunidades originarios gozan de un derecho diferenciado al disfrute del territorio, dada su conexión física y metafísica con el mismo, reconocido así por el artículo segundo constitucional y el Convenio 169 de la Organización Internacional del Trabajo. De manera que las materias indígena y ambiental se funden en una sola y dejan ver con relativa sencillez la simbiosis del sujeto con el ecosistema.

Habrá que considerar que en casos como el citado en materia de manejo de residuos electrónicos, la población y el ecosistema son urbanos y no se adscriben a ninguna población particularmente definida.

Ahora bien, dado que se ha planteado la incorporación de la inversión de la carga de la prueba y la carga dinámica de la prueba, en consideración del principio precautorio, se vuelve necesario generar indicadores mínimos de admisión de las demandas de amparo. Esto es así, porque la indagación y esclarecimiento del interés legítimo ambiental obligan a la celebración de actos procesales o pre-procesales.

La distinción de los tres tipos de interés en materia de amparo constituyen una barrera para la sobrecarga de la labor del poder judicial federal, al descartar de plano las demandas promovidas con un interés simple y dar admisión únicamente a las que jurídica o legítimamente causan relevancia.

Quedan pendientes cuestionamientos acerca de los conocimientos y disciplinas elementales que han de poseer los juzgadores para calificar la relevancia de los conflictos planteados, así como las formalidades que impedirán la sobrecarga de la labor jurisdiccional para identificar el interés legítimo ambiental.

VI. CONCLUSIÓN

El juicio de amparo como garantía constitucional ha tenido históricamente el objeto de velar por los derechos de los gobernados ante los actos de poder ejercidos por la autoridad. Sin embargo, como ha quedado claro, históricamente ha sido inefectivo como juicio de protección para el derecho al ambiente.

El concepto legal y jurisprudencial de interés legítimo, además de la acreditación del daño sin consideración de la precaución, son obstáculos para el acceso a la justicia, por lo que vale la pena repensar un juicio de amparo con especificaciones para la materia, tal y como opera en lo penal, por ejemplo.

Se subraya que el Amparo en Revisión 1013/2019 constituye un antecedente importante para la resolución de futuros conflictos en la materia, permitiendo avanzar hacia la justiciabilidad de los derechos económicos, sociales, culturales y ambientales. Sin embargo la sola existencia del caso pionero no significa una inmediata adecuación de la técnica argumentación de los juzgadores, mucho menos del juicio de amparo como garantía del derecho ambiental.

La metodología propuesta por la Suprema Corte para resolver la problemática entorno al interés jurídico ambiental es innovadora, pero se requiere de una actualización de los jueces y magistrados del poder judicial para su implementación.

A la luz de la línea jurisprudencial mexicana, los conflictos competenciales son también susceptibles de observarse bajo la óptica del principio precautorio, vinculando a las autoridades cuya competencia se controvierte para la dilucidación del interés que pueda poseer la parte quejosa. Sin embargo, el sistema jurídico no ha terminado de condensar este razonamiento, por lo que no es sorpresa encontrar casos como el 3082/2015 en los que la precaución no forma parte de la argumentación y se termina por imponer fórmulas positivistas restrictivas de los derechos humanos y sus principios.

La ausencia de una verdadera garantía constitucional para el derecho a un ambiente sano condiciona su realización, y la de otros derechos humanos cuya relación es indiscutible como la salud y el desarrollo de la personalidad, le hace depender de un activismo judicial que difícilmente se observa. Es necesario pues, instrumentar la Ley de Amparo para dar cobertura a las exigencias en materia ambiental, con una perspectiva transversal y en reconocimiento de su trascendencia actual y futura.

VI. FUENTES CONSULTADAS

Declaración de Río sobre el Medio Ambiente y el Desarrollo, Río de Janeiro, 1992.

Decreto Promulgatorio del Convenio de Estocolmo sobre Contaminantes Orgánicos Persistentes, México, 17 de mayo de 2004, Diario Oficial de la Federación: 28 de febrero de 2020.

Decreto promulgatorio del Convenio de Basilea sobre el Control de Movimientos Transfronterizos de los Desechos Peligrosos y su Eliminación, México, 9 de agosto de 1991, Diario Oficial de la Federación: 28 de febrero de 2020.

Fernández Fernández, Vicente y Samabiego Behar, Nitza, "El juicio de amparo: historia y futuro de la protección constitucional en México", Revista IUS, Instituto de Ciencias Jurídicas de Puebla, México, Vol. 5, No. 27, 2011, enero-junio.

Juzgado Quinto de Distrito de Amparo y Juicios Federales en el Estado de Querétaro, Juicio de Amparo 3082/2015, Sentencia.

Ley de Amparo, Reglamentaria de los artículos 103 y 107 de la Constitución Política de los Estados Unidos Mexicanos, 2013, México.

Ley General para la Prevención y Gestión Integral de los Residuos, art. 5, 2015.

Macías Raya, L.A., *Cálculo de óxido de plomo (pbO) en las televisiones analógicas de México,* citado por Secretariado de la Comisión para la Cooperación Ambiental, *Determinación del Secretariado en conformidad con el artículo 14(I) del Acuerdo de Cooperación Ambiental de América del Norte A14/SEM/15-002/10/DETN_14(1),* 2015.

Norma Oficial Mexicana NOM-161-SEMARNAT-2011, Que establece los criterios para clasificar a los Residuos de Manejo Especial y determinar cuáles están sujetos a Plan de Manejo; el listado de los mismos, el procedimiento para la inclusión o exclusión a dicho listado; así como los elementos y procedimientos para la formulación de los planes de manejo, 2013, México.

Norma Oficial Mexicana NOM-052-SEMARNAT-2005, que establece las características, el procedimiento de identificación, clasificación y los listados de los residuos peligrosos, 2005, México.

Norma Oficial Mexicana NOM-133-SEMARNAT-2000, Protección Ambiental-Binéfilos Policlorados (BPCs) Especificaciones de manejo, 2003, México.

Segunda sala de la Suprema Corte de Justicia de la Nación, Amparo en Revisión 1013/2019, Sentencia.

Tron, Jean Claude, *¿Qué hay del interés legítimo?*, [Consultada 2 de marzo de 2020], [Disponible en: https://www.ijf.cjf.gob.mx/cursosesp/2014/diploarguIH/material1012/Qu%C3%A9%20hay%20del%20inter%C3%A9s%20leg%C3%ADtimo%205.pdf